成事的时间管理法

景汐 著

天津出版传媒集团

天津科学技术出版社

图书在版编目（CIP）数据

成事的时间管理法 / 景汐著 . -- 天津 : 天津科学技术出版社, 2025. 8. -- ISBN 978-7-5742-3222-8

Ⅰ . C935-49

中国国家版本馆 CIP 数据核字第 2025GW6561 号

成事的时间管理法

CHENGSHI DE SHIJIAN GUANLIFA

责任编辑：吴丹丹

出	版：	天津出版传媒集团
		天津科学技术出版社
地	址：	天津市西康路 35 号
邮	编：	300051
电	话：	（022）23332695
发	行：	新华书店经销
印	刷：	易阳印刷河北有限公司

开本 670×950　1/16　印张 12　字数 120 000

2025 年 8 月第 1 版第 1 次印刷

定价：49.80 元

前言

✅ **为什么要进行时间管理**

⚠️ **因为缺乏时间管理，生活会变得一团糟！**

万事拖延，永远低效。

①

对工作失去控制感，快要被各种文件淹没。

②

时间管理能给我带来什么

缓解时间焦虑：有计划地完成任务，降低紧迫感和时间上的压力。

集中注意力，减少中断：通过合理安排工作时间和减少干扰，更专注于任务，提高工作效率。

强化决断力,快刀斩乱麻:根据重要性和紧急性判断任务的优先级,提高工作效率和产出。

唤醒激励和持久激励:设定目标并按计划执行,激发坚持不懈的动力。

目录

第一部分　找到适合我的时间管理法

1	番茄工作法	002
2	一周时间运筹法	010
3	第克泰特时间	020
4	四象限法则	024
5	时间分块法	036
6	吞青蛙时间管理法	046
7	莫法特休息法	057
8	麦肯锡30秒电梯理论	065
9	80/20法则	077
10	奥卡姆剃刀定律	087
11	GTD方法论	097
12	PDCA循环法	112
13	柳比歇夫时间管理法	119

第二部分　成功人士的时间管理法

1	彼得·德鲁克：时间管理法	126
2	哈林顿·埃默森：效率十二项原则	131
3	戴尔·卡耐基：80/20法则	138
4	史蒂夫·乔布斯：缩减工作事项	144
5	比尔·盖茨：与时间赛跑	149
6	埃隆·马斯克：多任务处理的艺术	154
7	马克·扎克伯格：简洁主义原则	163
8	沃伦·巴菲特："两个清单"策略	168
9	稻盛和夫：六项精进	172
10	孙正义：用经济学思维看待时间	176

结语

掌控时间，成就人生　　　　183

找到适合我的时间管理法

第一部分

这里有 13 种时间管理法，总有一种适合你。

1　番茄工作法
2　一周时间运筹法
3　第克泰特时间
4　四象限法则
5　时间分块法
6　吞青蛙时间管理法
7　莫法特休息法
8　麦肯锡 30 秒电梯理论
9　80/20 法则
10　奥卡姆剃刀定律
11　GTD 方法论
12　PDCA 循环法
13　柳比歇夫时间管理法

# 番茄工作法

什么是番茄工作法?

番茄工作法是一种在20世纪80年代由弗朗西斯科·西里洛创造并广泛使用的时间管理技术。该技术以一个独特的番茄形状厨房计时器命名,成为许多人在管理时间和提高工作效率时的首选方法。

番茄工作法的基本原则

- 将工作时间划分为每段 25 分钟的时间区间,这样的时间区间被称为一个"番茄钟"。
- 在每个番茄钟内,专注于一项任务,避免任何形式的干扰。
- 番茄工作法专注于脑力劳动,在休闲或非工作时间不必使用。
- 如果一项任务值大于 5 ~ 7 个番茄钟,那就将这项任务分割成更小的任务。

使用番茄工作法应遵循的步骤

步骤一:选择一个任务,将其拆解成若干较小的子任务,并记录在番茄工作计划清单上。

步骤二:设定计时器,启动一个番茄钟,时长为 25 分钟。

步骤三:在这个番茄钟内,全神贯注地执行任务,并尽最大努力减少外界干扰。

步骤四:当计时器响起,立即停止当前工作,并在清单上做相应标记,然后进行 3 ~ 5 分钟的短暂休息。

步骤五:每完成 4 个番茄钟后,进行一次较长时间的休息,时长约为 15 至 30 分钟,以便更好地放松和恢复精力。

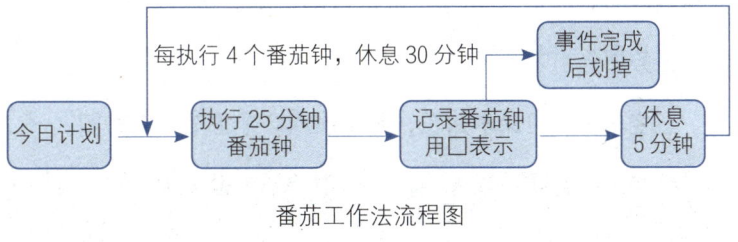

番茄工作法流程图

注意事项

每个番茄钟都应保持连续且不被中断。

如果在执行番茄钟时遇到紧急情况必须打断工作,那么这个番茄钟应被视为无效。

在处理完紧急情况后,应重新开始一个新的番茄钟。

如果中途遇到的干扰并非紧急,则可以在清单上用逗号进行标记,等当前番茄钟结束后再去处理那些事项。

番茄工作法实战案例

韩梅梅目前正处于职业资格考试的紧张备考阶段。然而,她发现自己难以维持专注,手机、电视等外界因素总是轻易地分散她的注意力。为了提升学习效率,韩梅梅决定尝试采用番茄工作法。

周六,韩梅梅在家中启动了她的首个番茄学习周期。从早上8点到中午12点,包括学习和休息时间,她规划出了7个番茄钟的时间段。

为了全身心投入学习,韩梅梅将手机关机并将其放在视线以外的地方,同时也拔掉了电视机的电源。接着,她将上午的学习任务划分为3个子任务。

任务A:复习课本知识,预计投入2个番茄钟的时间。

任务B:整理考试大纲,同样预计2个番茄钟。

任务C：做一套试卷，预计需要3个番茄钟的时间。

在明确任务后，韩梅梅将这些内容详细地列入了她的番茄学习计划清单中。

韩梅梅的番茄学习计划清单如下表所示。

今日待办			
任务	预计番茄钟	番茄记录	干扰
任务A：复习课本知识	2个	☐☐	
任务B：整理考试大纲	2个	☐☐	
任务C：做一套试卷	3个	☐☐☐	

计划外事件

今日总结

　　列好详尽的学习计划清单后,韩梅梅取出小闹钟,认真地设定了 25 分钟的倒计时,开启了第一个番茄钟,专注于任务 A1。这 25 分钟内,她全神贯注地埋头于课本的复习中,心无旁骛。

　　然而,就在任务即将完成之际,一阵异响打破了房间的静谧。韩梅梅抬起头,发现家中的猫咪正在调皮捣蛋,它欢快地穿梭于房间,轻轻跃上书桌,用小爪子扒拉着她,乞求一起玩耍。韩梅梅轻轻地推开猫咪,按捺内心的宠溺之情,再次将注意力集中到手头的任务上。

　　当计时器的铃声响起,韩梅梅如释重负地停下手中的工作。

　　她在清单上做了完成的记号,站起身来舒展了一下筋骨,随后与猫咪尽情地玩耍了 5 分钟。

短暂的休憩时光让韩梅梅放松了心情，使她精神焕发，有精力为即将到来的下一个番茄钟做好准备。

　　然而，就在第二个番茄钟（任务 A2）启动后不到 2 分钟，一阵敲门声打断了她的学习。韩梅梅起身去开门，见邻居来访。在与邻居简短交谈后，她回到书桌前。由于中断，她决定作废当前的番茄钟，并重新启动第二个番茄钟。

　　随着后续的番茄工作周期不断推进，韩梅梅逐渐习惯了这种高效学习模式，对外界的干扰越来越能从容应对，不再轻易分心。

　　她惊喜地发现，自己的学习效率显著提高，对知识的掌握更加牢固了。

　　完成第四个番茄钟后，韩梅梅给了自己一个更长的休息时间，整整 30 分钟，其间还享用了一些小零食，以此犒劳自己的辛勤努力。之后，她开始了今天最具挑战性的任务 C——做一套试卷。

　　最终，韩梅梅将今天的番茄学习计划清单详细记录入下表，以供未来参考与总结。

今日待办			
任务	预计番茄钟	番茄记录	干扰
任务 A：复习课本	2 个	√ × √	A2 打断
任务 B：整理考试大纲	2 个	√ √	无
任务 C：做一套试卷	3 个	√ √ √	无

计划外事件
A1 时猫猫调皮，未被打扰。 A2 时有邻居上门，被打断，重新开始 A2。

今日总结
学习效率跟之前比有显著提高。 忍住了玩手机的冲动。 4 个番茄钟后奖励自己吃了一块巧克力。 明天继续坚持。

之后的日子里，韩梅梅坚持运用番茄工作法进行学习，这一方法显著提升了她的学习效率。在随之而来的考试中，她取得了令人瞩目的好成绩，这份努力带来的成果让她更加自信和满足。

现在，通过韩梅梅的实战案例，你是否也掌握了番茄工作法的精髓呢？

下面，利用这个番茄计划清单开始你自己的番茄工作法吧。

番茄计划清单

任务	预计番茄钟	番茄记录	干扰
任务 A：	个		
任务 B：	个		
任务 C：	个		
任务 D：	个		

计划外事件

今日总结

2 一周时间运筹法

什么是一周时间运筹法？

一周时间运筹法是一种时间管理方法，其核心在于以一周为周期，以一天为基本时间段，对个人的时间进行详细的规划和组织，以达到高效实现目标的目的。这种方法强调周密的计划、明确优先事项以及合理的时间分配策略，可帮助个人或团队更好地管理时间，提高工作效率。

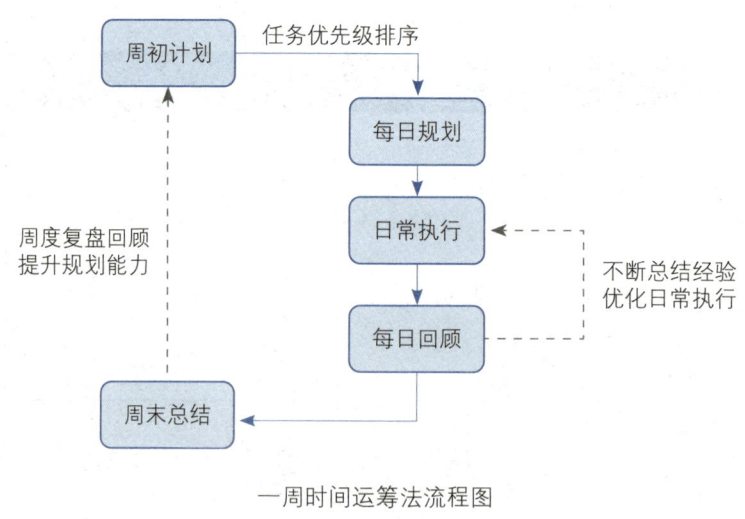

一周时间运筹法流程图

一周时间运筹法的核心思想

· 周期性管理

强调以一周为周期进行的时间管理。这有助于人们更好地把握时间的节奏和规律,从而制订出更合理有效的计划。

· 时间记录与分析

要求使用者详细记录一周内的时间使用情况,包括工作、学习、休息等各项活动。通过对时间使用的回顾与分析,发现时间浪费的关键点,了解自己在时间管理上的弱点,从而做出相应的调整。

· 注重时间的有效利用

一周时间运筹法提倡高效利用时间,要求考虑任务的紧急和重要性,合理设置优先级,以实现时间的最优分配。

· 灵活性与适应性

一周时间运筹法强调计划的灵活性和适应性,允许在突发事件或变化时调整计划,保持其可行性和有效性。

· 自我反馈与持续优化

该方法鼓励通过每周的总结与反思,形成自我反馈机制。通过不断地评估自己的时间管理效果,找出不足之处,并据此进行调整和优化,以期在未来的时间管理中做得更好。

周度计划表

时间		周一	周二	周三
上午	10:00 前			
	12:00 前			
中午 12:00—13:00				
下午	15:00 前			
	17:00 前			
	18:00 前			
日总结				
备注				
周总结				

周四	周五	周六	周日

使用一周时间运筹法的具体方法

• 周初规划

确定目标：清晰界定本周希望达成的具体目标。

回顾上周工作：审视上周的工作完成情况，评估进度并识别尚未完成的任务。

列出本周任务：详尽列出本周待完成的所有任务，特别标注关键截止日期和相关限制条件。

设定优先级：为每个任务和项目设定优先级，并根据优先级进行排序分类。

• 每日规划

在每天清晨或睡觉前，留出几分钟时间回顾周计划，并据此规划当日或次日的任务。依据任务的优先级和时限要求，将任务合理分配至各个时间段，同时预留一定的缓冲时间以应对突发情况。

谨记在心：将重要且需要高度集中的任务安排在你精力最充沛、注意力最集中的时段进行。

• 日常执行

在预定的时间段内，专注于当前任务，严防注意力分散和外部干扰。

根据实际情况，灵活而审慎地调整和重新分配任务，同时力求避免计划的频繁更改。

实时跟踪任务进展，对已完成的任务进行标记，并记录未完成任务的详细原因。

• 每日回顾

每日工作结束时，留出几分钟时间回顾当日的任务完成情况。

仔细检查是否有需要调整的任务或计划，并对时间分配的合理性进行评估，探寻可能的优化空间。

为次日的任务做好充分准备，确保自己对即将进行的工作有明确的规划和预期。

• 周末总结

利用周末的时间，全面回顾本周的工作历程。

深入评估本周任务的进展和所取得的成果。

仔细检查未完成的任务，并根据实际情况决定是否需要重新安排、细化或推迟这些任务。将未完成的任务和新增的任务无缝衔接到下一周的工作计划中。

一周时间运筹法实战案例

琳达是一位项目经理,但她发现自己在时间和任务管理方面存在不足。为了提高工作效率,她决定尝试运用一周时间运筹法。

- 周初规划

每周伊始,琳达都会投入时间为本周工作制订详尽的计划。她细致地列出了本周的核心任务:准备项目报告、筹划团队会议、紧密跟进客户需求,以及完成工作总结。在规划过程中,她精心评估了每项任务的优先级,特别将项目报告和客户需求跟踪标记为重中之重,并为这两项任务设定了明确的截止日期。

- 每日规划

每个清晨,琳达都会重温她的周计划,并为当天的工作做出详细规划。她精心为每个任务分配了专门的时间段,确保那些关键任务能够被足够关注和完全执行。

- 日常执行

为了让自己更加专注,琳达选择关闭了手机通知,以此减少不必要的干扰。她全身心地投入到项目报告的准备和客户需求的跟踪中,努力确保每一项任务都能按照既定的计划稳步推进。

• 每日回顾

每当一天的工作结束，琳达都会对自己的完成情况进行回顾。她欣喜地发现，自己不仅高效地完成了项目报告，还及时跟踪了客户需求。这份成就感让她十分满意。在结束一天的工作之前，她还会特地留出时间，细致地回顾并微调第二天的工作计划。

• 周末总结

周末来临，琳达会进行全面的周工作总结。她会仔细评估一周的工作进展和实际成果，确保所有任务都已按计划顺利完成。同时，为了应对未来可能出现的不确定性，她决定在下一周的规划中预留出一定的时间，以应对可能突发的紧急事务或额外任务。

通过实践一周时间运筹法，琳达显著地提升了自己的时间管理能力和工作效率，任务完成度也随之提高。她能够聚焦于关键任务，做出合理的时间安排，并且每天都进行反馈和调整。这种方法不仅帮助她有效地减轻了工作压力，还显著提升了工作质量，使她的工作更加有条不紊。

这个案例生动地展示了一周时间运筹法在实际工作环境中的实用价值，以及它如何助力职场人士更好地管理时间、提升任务完成效率，并减轻工作压力。

每个人都可以根据自己的工作特点和偏好，灵活调整并应用这种方法，从而实现工作效率的整体提升，取得更加出色的职业成果。

周度计划表

时间		周一	周二	周三
上午	9:00—10:00	准备项目报告结构框架	处理日常工作	处理日常工作
	9:00—12:00	跟进客户需求	跟进客户需求	跟进客户需求
中午 12:00—13:00				
下午	13:00—15:00	客户需求梳理	处理日常工作	客户需求梳理
	15:00—17:00	团队会议	处理日常工作	团队会议
	17:00—17:30	项目日报	项目日报	项目日报
	17:30—18:00	每日工作回顾	每日工作回顾	每日工作回顾
日总结（重要任务完成情况）				
备注				
周总结		本周重点事务完成情况跟踪： ☐1. 跟进客户需求 ☐2. 每日发送项目日报，周五发送项目周报 本周其他工作事项总结： ☐1. 团队会议 ☐2. 客户需求梳理 其他思考总结： 1. ……		

周四	周五	周六	周日
处理日常工作	处理日常工作	休息	休息
跟进客户需求	跟进客户需求		
处理日常工作	客户需求梳理		
处理日常工作	团队会议		
项目日报	项目日报		制订下周工作计划
每日工作回顾	周度工作总结		

3 第克泰特时间管理法

什么是第克泰特时间？

第克泰特时间的概念源自犹太人的智慧。

在犹太人的工作哲学中，他们将每日工作的首个小时称为"第克泰特时间"，这个时段专门用于处理信函、传真和电子邮件等书面沟通，其间他们避免接待任何访客。

这样的做法并非冷漠，而是基于对工作效率的深刻理解。因为接待访客往往会分散注意力，显著降低工作效率，甚至可能因此错过重要的商业机会。

犹太人的"第克泰特时间"传递了一种深刻的工作理念：在工作时间，我们应尽量避免时间的浪费，不应将工作场所视为社交场合。我们应摒弃无意义的客套和多余的交谈，尽可能将社交活动与工作分离。同时，我们还应倡导使用简洁明了的工作语言和高效的工作方式，力求达到高效专注的工作状态。

第克泰特时间的实践方法

简单地说，就是在每天上班的第一个小时里，以"现在是第克泰特时间"为由，坚决拒绝一切社交和拜访，全心全意地投入思考中，高效地处理每日最关键的工作任务！

第克泰特时间实战案例

李洋是一位年轻有为的职业人士，然而他发现自己在工作中常被各类会议、社交活动及琐碎交谈所干扰，这严重影响了工作效率。为了改变这一现状，他决定引入第克泰特时间，并遵循以下四个步骤来提升自己的工作效率。

● 设立固定的第克泰特时间段

李洋将每天早上 9 点至 10 点明确设定为自己的第克泰特时间。在这段宝贵的时间里,他全神贯注地投入工作中,拒绝非必要的会议邀请和社交活动,以确保能够高效地完成关键任务。

● 提前与同事和上级进行沟通

为了确保他的第克泰特时间能够得到大家的尊重和支持,李洋会提前与同事和上级进行详细的沟通。他不仅向他们解释了自己的时间管理策略,还详细阐述了第克泰特时间的起源、意义,以及它对提升工作效率的重要性。

● 设置免打扰模式和多种提醒方式

为了避免在工作时受到电话、邮件或即时通信的干扰,李洋将手机设置为免打扰模式。同时,他还在电脑上设置了醒目的提醒,以确保自己能够全身心地投入到第克泰特时间的工作任务中。此外,他还会关上办公室的门,以减少同事间的即兴交流,为自己创造一个更加安静的工作环境。

- **高效利用时间**

在第克泰特时间段内,李洋会先精心制订当天的工作计划,并明确各项任务的优先级。随后,他会全神贯注地处理那些重要且紧急的任务,确保自己的精力集中在最关键的工作上,避免被琐碎的事务分散注意力,从而高效地推动工作进展。

通过持续践行第克泰特时间管理方法,李洋取得了显著的成效。他不仅大幅提升了工作效率,更通过展现自己专注且有条理的工作态度,在团队中逐渐塑造出高效、有序的专业形象。因此,同事们更加尊重他的时间安排和工作边界,为他营造了一个和谐且高效的工作环境。

 **四象限法则**

什么是四象限法则?

四象限法则,作为一种高效的时间管理方法,其核心思想在于将各项任务和活动依据其重要性与紧急性科学地划分为四个象限。通过这种方法,我们可以根据每个任务所处的象限来明确其优先级,并确定好采取处理方式,从而实现时间和资源的合理分配与高效利用。

四象限的具体定义

第一象限(紧急且重要)

这些紧急且至关重要的任务,亟待我们立即完成。它们通常与我们的核心目标、价值观和关键事项紧密相连,可能涉及重大的工作任务、亟待解决的问题或紧迫的截止日期。我们必须将这些任务置于首要位置,并迅速高效地处理。

第二象限（不紧急但重要）

这些任务虽然不紧迫，却具有深远意义。它们通常关联到我们的长期目标、战略规划和个人成长。尽管没有即时的紧急性，但它们的完成对我们的成功和进步至关重要。因此，我们应当预留充足的时间来处理这些任务，以防它们逐渐演变为紧急事件。

第三象限（紧急但不重要）

这些任务虽然看似紧急，但实际上对我们的长期目标影响有限。它们往往来源于他人的即时请求、打断、非紧急会议或琐碎事务。尽管可能需要我们迅速做出反应，但并不会对我们的核心目标产生显著影响。因此，我们可以考虑通过电子邮件处理这类事务，或者将它们委派给他人。

第四象限（不紧急且不重要）

这些任务既不急迫也不重要，通常包括娱乐、消遣、社交媒体浏览等容易分散我们注意力的活动。我们应当尽量避免沉溺于这些事务，因为它们往往会消耗我们宝贵的时间和精力，并且很少带来实质性的回报。

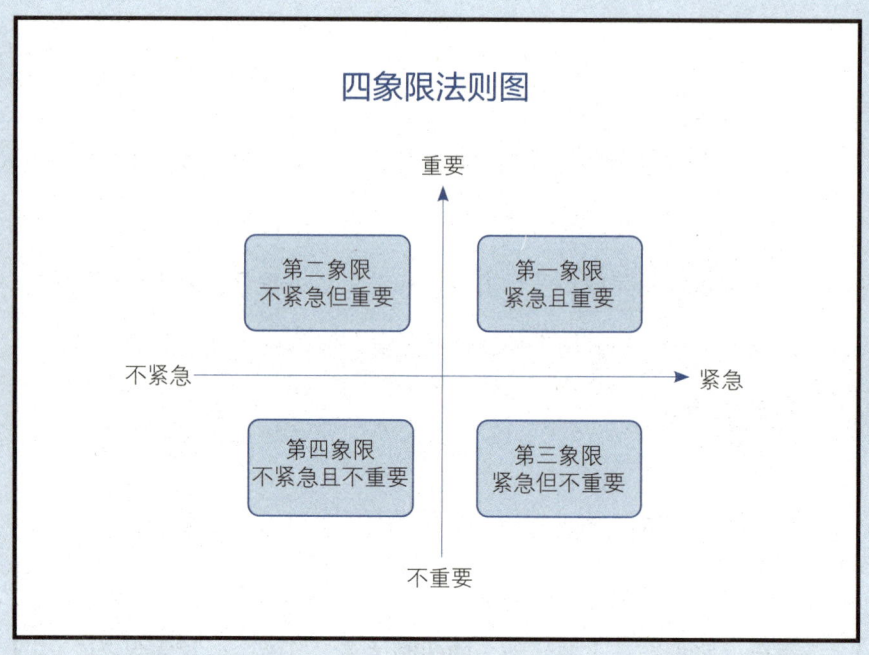

四象限法则的基本原则

- 明确区分重要性与紧急性

在安排任务和活动时,应清晰地将它们分为重要和紧急两个维度。重要的任务是指那些对你的目标和价值观具有关键性影响的事务,而紧急的任务则是那些需要立刻采取行动的情况。

- 优先处理重要且紧急的事务

为了确保工作效率和成果,应将那些既重要又紧急的任务置于最高优先级。这样可以确保它们能够及时得到妥善处理并完成,从而避免可能产生的严重后果或错失关键机会。

• 避免重要事项演变为紧急事项

将那些不紧急但重要的任务设定为第二优先级,并为它们分配充裕的时间和资源。这样做可以确保这些任务不会因忽视而转变为紧急任务,从而为实现长期目标奠定坚实基础。

• 精简紧急且非重要的任务

第三象限的任务往往会打断我们的工作流程。为了优化效率,我们应尽量减少这类任务的数量。同时,探索委托他人或采用自动化解决方案的可能性,以节约时间和减少精力投入。

• 杜绝不必要的消遣与分心

第四象限的任务,即那些无价值的消遣活动,在工作时间内应尽量避免。这样可以防止时间和生产力的浪费,确保我们专注于真正重要的事务。

四象限法则的核心思想

将你的大部分时间和精力专注于第一和第二象限的任务是至关重要的,因为这些任务对你的个人成长和职业发展具有较高的价值。同时,努力减少在第三象限任务上的投入,并坚决避免涉及第四象限的琐碎事务,这样才能更有效地利用你的时间和资源。

使用四象限法则的具体步骤

第一步：详尽列出所有任务与活动

无论规模或复杂程度的大小，详尽列出所有待完成的任务和活动，确保无一遗漏。

第二步：明确标记重要性与紧急性

针对每项任务，仔细评估其重要性和紧急性。可以利用符号、颜色或其他标识方法，清晰地将每项任务归类到四个象限中的相应位置。

第三步：优先处理第一象限的紧急重要任务

首要关注的是第一象限中的任务，这些既紧急又重要的任务对实现个人目标和价值观的培养至关重要。务必立即着手处理，并制订切实可行的计划，按照优先级高效完成。

第四步：合理规划并着手第二象限的重要任务

当第一象限的任务得到有效处理或进展顺利后，应将注意力转移至第二象限的任务，即那些虽不紧急但至关重要的任务。为此，需确保分配充足的时间和资源，从而避免这些任务因疏忽而演变为紧急任务。

第五步：精简第三象限任务

第三象限中的任务虽紧急却非核心。我们应致力于减少这类任务的数量。具体策略包括学会恰当地拒绝、有效地委托他人，以及探寻更为高效的处理手法。在安排日程时，应将这些任务置于较低的优先级，确保它们不会过多消耗宝贵的时间和精力。

第六步：远离第四象限任务

第四象限的任务既不急迫又不重要，它们对我们的工作和生活并无实质性贡献。在工作时，务必警惕并尽量避免这类任务，以免无谓地消耗时间，影响整体生产力。

第七步：持续评估与灵活调整

定期审视你的任务列表和时间管理策略至关重要。通过不断的评估和调整，我们可以确保自己的时间和精力主要聚焦于第一和第二象限的关键任务。这样的做法将有助于我们最大限度地提升工作效率，更有效地实现个人和职业目标。

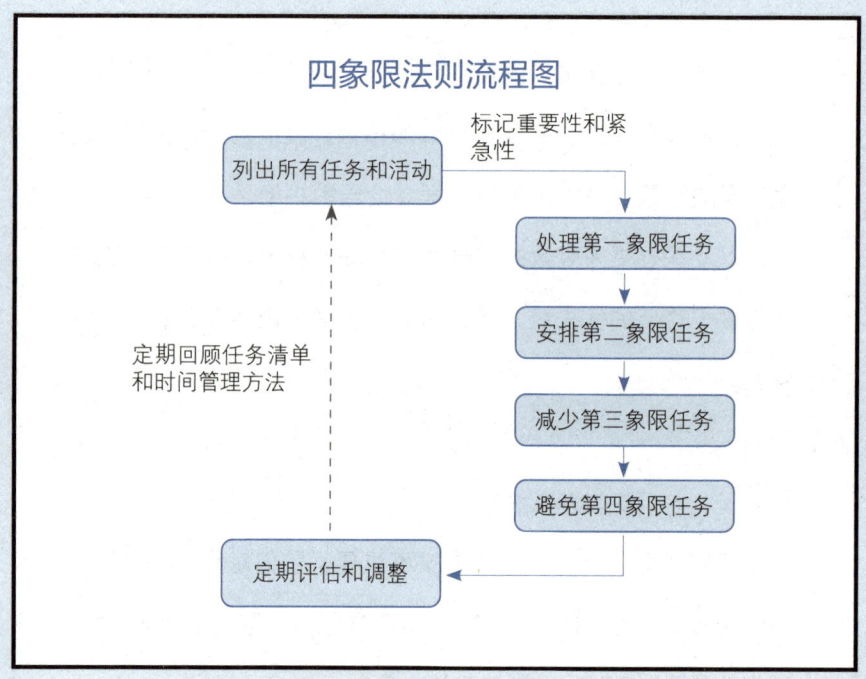

四象限法则实战案例

王冬冬作为销售团队的管理者，与客户及合作伙伴都维系着融洽的关系。最近，她决定在日常工作中引入四象限法则，以期更有效地管理时间，进而提升整体工作效率。

- 整理任务与活动清单

王冬冬首先系统地列出了她所需处理的所有任务和活动。这些包括但不限于与客户的会谈、撰写销售报告、组织团队培训以及处理日常邮件等。

• 标记重要性和紧急性

王冬冬对每个任务进行了细致的评估，并根据四象限法则将它们分类。例如，将与关键客户的会议和重要的销售报告撰写归入紧急且重要的第一象限；而团队培训和个人发展规划则被视为不紧急但重要的第二象限任务。

• 处理第一象限任务

在处理任务时，王冬冬将紧急且重要的任务置于首位。她精心制订了每日工作计划，确保有充足的时间来应对与重要客户的会谈和完成核心销售报告。同时，她也预留了一定的缓冲时间，以应对可能出现的突发状况，从而确保各项任务能够顺利完成。

- 安排第二象限任务

　　在完成紧急且重要的第一象限任务之后，王冬冬开始着手规划那些不紧急但重要的第二象限任务。她为每个任务制订了详尽的计划，并合理分配了时间，以确保团队培训和个人专业发展都能有条不紊地进行。

- 减少第三象限任务

　　王冬冬努力减少第三象限中不相关邮件和无效会议等任务的数量。她学会了恰当地拒绝一些不必要的会议邀请，并将处理日常邮件的时间严格限制在特定时间段内，以此减少对工作流程的打断，从而优化了自己的时间管理。

· 避免第四象限任务

王冬冬致力于避免被社交媒体和其他不相关的消遣活动分散注意力。她深刻意识到这些任务只会浪费宝贵的时间,对工作并无实质性帮助。因此,她为自己设定了严格的规则,将这些活动仅限于业余时间进行,以确保工作的专注和高效。

· 定期评估和调整

王冬冬会定期审视她的任务清单和时间规划,进行细致的评估和调整。她会仔细检查自己在处理各个象限任务时的效率和效果,并根据实际情况做出合理的改变,旨在确保自己的时间和精力能够得到最优化地利用,从而实现工作与生活的高效平衡。

第一象限任务	第二象限任务
☐ 与重要客户的会议 ☐ 关键销售报告 ☐ ……	☐ 团队培训 ☐ 个人专业发展 ☐ ……

第三象限任务	第四象限任务
☐ 不必要的会议邀请 ☐ 处理日常邮件 ☐ ……	☐ 刷短视频 ☐ 回复私人微信 ☐ ……

通过运用四象限法则，王冬冬成功地对日常工作进行了更为合理地安排。她确保了重要任务得到优先处理，从而显著提升了工作效率，并取得了更好的成果。

此外，她还曾巧妙地运用这一时间管理法则来应对突发事件。

某日，一位重要客户突然变更了订单需求，这就要求公司必须立即重新调整销售方案和报价。

面对这一突发状况，王冬冬迅速运用四象限法则，将此事件定位为紧急且重要的第一象限任务。她深知，若不及时响应，将对公司的业务运营和客户关系造成不良影响。

因此，王冬冬即刻暂停了手头的工作，为处理这一紧急事件预留了充足的时间。她紧急召集团队成员，共同商讨并重新规划销售方案和报价策略。同时，她还积极与相关部门沟通协作，以确保能在客户指定的期限内提供满意的服务和产品。

在处理该突发事件时，王冬冬始终清醒地认识到其他任务的重要性和紧急性。为了确保在应对完这一紧急事件后能迅速处理其他事务，她明智地将那些不紧急但重要的任务调至第二优先级。

得益于王冬冬出色的时间规划和专注处理紧急且重要任务的能力，她成功地及时响应了客户的要求，对销售方案和报价进行了必要的调整，并将产品按时交付给了客户。

这样的处理方式不仅满足了客户的期望，还有效地维护了客户关系。这一案例充分展示了王冬冬通过运用四象限法则，不仅在日常工作中表现出色，更能在突发事件面前灵活调整，合理安排任务的优先级。

四象限法则不仅提升了她的工作效率和专注力，更帮助她在时间管理上实现了有效性。

5 时间分块法

什么是时间分块法？

时间分块法是一种高效的时间管理技巧，它将工作时间划分为连续的时间块，每个时间块都专注于完成一个特定的任务。通过集中精力在每个时间块所对应的任务上，并避免不必要的干扰，人们能够更专注地投身于工作之中，从而提升工作的成果和质量。

此外，这种方法还有助于分解大型任务的庞大压力。通过将大型任务切割成更小、更易于管理的时间任务块，我们可以更有效地减少拖延现象，并增强完成任务的动力。时间分块法不仅优化了工作流程，还使我们在面对复杂任务时能够保持清晰的头脑和高效的工作状态。

时间分块法的好处

· 提高专注力

将工作划分为连续的时间块，并在每个时间块内专注于单一任务，这种做法有助于我们避免注意力的分散，进而提高专注力，使我们能够更高效地处理手头的任务。

· 提高工作效率

通过将整体工作细化成若干小块，并集中精力逐个攻克每个时间块内的任务，我们可以显著提升工作效率，同时也能有效减少任务的拖延和延误现象。

· 减少压力和提高动力

将庞大复杂的任务分解成若干小任务，并将小任务分配到不同的时间块中，这样做不仅能够减轻面对庞大任务时的压力，还能提高我们完成任务的动力。因为小任务更易于管理和快速完成，所以能带来即时的成就感。

· 增强时间管理能力

时间分块法为人们提供了一种更为优秀的组织和管理时间的方式。通过设定明确的目标、合理规划时间以及优化任务的安排，我们能够更加高效地利用时间，从而更好地掌控工作的节奏和进度。

• 增加工作满足感

当我们全身心地投入每个时间块所对应的任务中，并逐一完成它们时，那种成就感、满足感和自信心会油然而生。这种正面的反馈不仅能够激发我们的工作热情，还能够提升我们的幸福感。

时间分块法的基本原则

工作时间划分：将工作时间精细地划分为连续的时间块，每个时间块的时长通常设定在25分钟至60分钟之间，以适应不同任务的需求。

专注任务：在每个划定的时间块内，全神贯注地投入一个具体的任务或活动中，严格避免任何形式的注意力分散，以确保任务的高效完成。

目标设定：为每一个时间块制定清晰、明确且可衡量的目标和任务，并确保这些短期目标与个人的长期目标和优先级保持高度一致，以指导工作的方向。

劳逸结合：遵循科学的工作与休息周期，合理安排工作和休息时间，以确保在高效工作的同时，也能得到必要的休息和恢复。

灵活调整：根据任务的复杂程度和实际需求，灵活地调整每个时间块的长度和任务的分配，以实现工作效率的最大化。

任务安排：结合优先级判定和四象限法则，精心安排每项任务的执行顺序和优先级，确保重要且紧急的任务得到优先处理。

休息与复盘：在连续工作之后安排定期的休息时间，以及时恢复精力；同时，进行阶段性复盘，评估工作进展，并根据实际情况调整后续的工作计划。

使用时间分块法的具体步骤

第一步：划分时间块

首先，明确你每天计划投入工作与活动的时间范围。根据你的个人工作习惯和日常需求，选定适合你的工作时间，比如上午、下午，或是整个工作日都投入工作。

第二步：确定时间块的时长

接下来，选择一个适合你的时间块时长，通常这个时长会在25分钟到60分钟的区间内。这个时间长度应该足够你专注于一个任务，同时又不会因持续时间过长而感到疲劳。通过这样的设置，你能够保持高效和专注，从而更好地管理工作与休息时间。

第三步：预先规划工作时间块与任务

在每个时间块开始之前，应明确该时间块的工作目标以及需要完成的具体任务。为了更高效地进行工作，建议将大型任务细分为若干小任务，并将每个小任务与特定的时间模块相对应。

第四步：全神贯注于时间块内的任务

进入一个时间块后，务必全神贯注于当前的任务。为了避免分散注意力、拖延工作以及不必要的干扰，可以采取一些措施，如提前告知他人自己正在忙碌、关闭手机等。

第五步：休息与整理时段

每个时间块结束后，都应安排一个短暂的休息与整理时段。这段时间可以用来做些身体伸展、喝水、让眼睛休息等，同时评估前一个时间块的工作进展，并为进入下一个时间块做好充分准备。

第六步：灵活调整时间块

根据任务的复杂性和实际需求，应在必要时灵活调整时间块的长度。有些任务可能需要更长的连续工作时间，而有些则可能较为简短。

第七步：定期总结与调整策略

定期回顾你的时间分块效果，并根据需要进行调整。这样你可以发现哪些工作块的安排是有效的，哪些工作块的安排需要改进。

注意事项：融合优先级考量与四象限法则

在规划任务分配时，需综合考虑任务的紧急性和重要性。借助四象限法则，我们能更有效地判定任务的先后顺序及其优先级，从而确保那些既重要又紧急的任务能够得到最先且最充分的处理。通过这样的方式，我们可以更好地管理工作流程，提升效率。

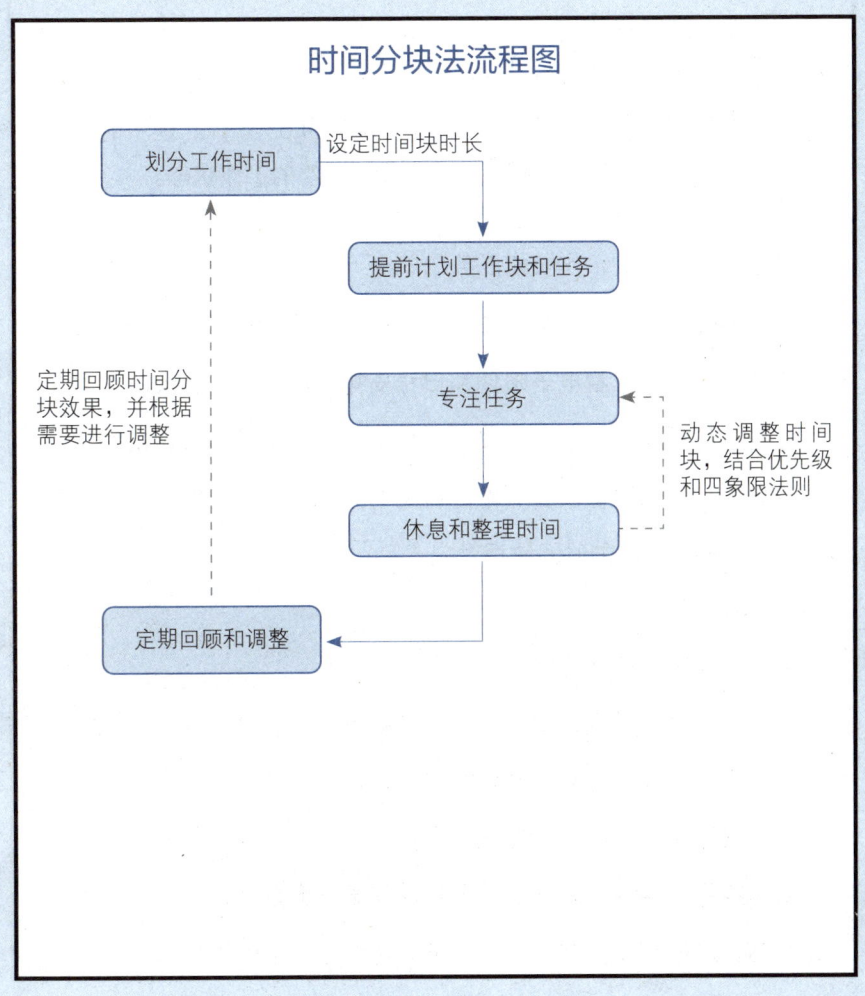

时间分块法实战案例

李雷是一家贸易公司的经理,为了提高自己的时间管理能力和工作效率,他决定采用时间分块法来规划自己的工作。

- 明确工作的时间

李雷明确了自己的工作时间,即从早上 9 点到下午 5 点,他将在这段时间内全身心地投入工作。

- 设定时间块的长度

李雷决定将每个时间块的时长设定为 55 分钟。这个时间长度既能保证他专注于任务,又能保持高效的工作状态。

- 提前计划工作块和任务

每天清晨,李雷都会预留 15 分钟来规划他一天的时间块和任务。他会先查看电子邮件和日程安排,然后列出当天的重要任务,包括与客户开展会议、了解团队的项目进展和做出关键决策等。为确保每项任务都能得到有效执行,他会将这些任务细化,并与特定的时间块相对应。

- 专注工作块任务

当进入一个新的时间块时,李雷会将手机调至静音,屏蔽电子邮件通知,并关上办公室的门,以确保自己在一个无干扰的环境中工作。他会全神贯注地投入当前时间块的任务中,无论是与客户沟通、审核报告还是参与策划会议,他都力求心无旁骛,以最高效的方式完成任务。通过这样的时间分块法,李雷能够更好地管理自己的时间和进行工作，提高工作效率。

·休息和整理时间

每当一个时间块结束，李雷都会留出 5 分钟进行短暂的休憩与整理。在这段时间里，他深呼吸、放松身心，并回顾前一个时间块的工作进展。同时，他还会整理相关的文件和笔记，确保为下一个时间块做好充分准备。

·灵活调整时间块

李雷会根据任务的复杂性和重要性来动态调整时间块的长度。面对大型项目或复杂任务，他会将时间块延长至 70 分钟，以确保有足够的连续时间来应对这些挑战。

·融合优先级与四象限法则

在任务安排上，李雷巧妙地结合了优先级和四象限法则。他不仅关注那些重要且紧急的任务，确保它们得到及时处理，还为重要但不紧急的事项，如战略规划和员工发展，预留出专门的时间。

·定期总结与策略调整

为了持续优化自己的时间管理方法，李雷每周都会回顾并评估时间分块法的使用效果。他会深入分析自己的时间管理和工作效率，识别需要改进的领域，从而更好地应对跨国贸易公司所带来的各种挑战。

李雷的时间分块法计划清单

时间	内容安排
9:00 — 9:15	规划当天的工作块和任务
9:15 — 10:10	与客户沟通
10:10 — 10:15	休息和整理
10:15 — 11:10	审核报告
11:10 — 11:15	休息和整理
11:15 — 12:10	市场分析和研究
12:10 — 13:00	午休
13:00 — 14:10	制定战略决策
14:10 — 14:15	休息和整理
14:15 — 15:10	参与策划会议
15:10 — 15:15	休息和整理
15:15 — 16:10	跟进团队项目进展
16:10 — 16:15	休息和整理
16:15 — 17:00	复盘项目内容

李雷借助时间分块法，精心规划并管理自己的时间，从而能够更专注于各项任务，显著提升了工作效率。他迅速而高效地处理公司的日常事务，与客户保持顺畅沟通，为团队提供有力指导，同时参与制定关键的战略决策。通过使用这种方法，李雷不仅优化了自己的工作时间分配，还改进了工作流程，引领公司实现既定的业务目标。

❻ 吞青蛙时间管理法

什么是吞青蛙时间管理法？

吞青蛙时间管理法是由著名演说家博恩·崔西提出的，其核心理念是，在一天的最开始，就着手处理最艰难、最重要的任务。

这种方法的名字源自一句广为人知的名言："如果我们每天早上醒来做的第一件事是吞掉一只活的青蛙，那么就会惊喜地发现，在这一天接下来的时间里，将没有什么比这个更糟糕的事情了。"

吞青蛙时间管理法的宗旨在于帮助人们更有效地管理自己的时间，提升工作效率，并减轻精神压力。通过首先攻克最困难的任务，人们能够更加专注，避免拖延症的发生。

博恩·崔西曾这样形象地阐述："如果你不得不吃掉一只青蛙，那就别犹豫太久。如果你面前有三只青蛙需要解决掉，那么果断先拿下最大、最难看的那只。"

吞青蛙时间管理法的基本原则

• 强调优先级：在处理任务时，始终把困难和重要的任务置于首位，确保不被琐碎的事务所牵绊，从而高效地解决关键问题。

• 集中关注：在处理任务时，全神贯注，不分心于其他事务，避免任何形式的干扰，以确保工作的质量和效率。

• 减少拖延：面对困难和挑战，不逃避、不推迟，而是立即采取行动，积极应对，以克服障碍并实现目标。

• 承担责任：对自己的时间和任务负责，严格遵守设定的计划，并努力完成工作，以体现责任感和敬业精神。

• 定期评估：持续审视任务的优先级，并根据实际情况进行调整和重新安排，以确保工作有针对性和实效性。

• 遵循效率至上：积极寻求和应用高效的方法和工具，致力于提升工作效率，以优化工作流程并节省时间。

• 保持灵活性：根据实际情况进行灵活调整，妥善应对紧急情况，不拘泥于预定的计划，以展现适应性和应变能力。

吞青蛙时间管理法的具体步骤

第一步：明确目标

首先，确定具体目标。这包括思考自己所期望的目标，并将其记录下来，放置在容易看到的地方，以便使其更加明确和清晰。

第二步：设定最后期限

设定明确的完成期限，可以增强紧迫感，从而激励你更快地采取行动。

第三步：列出所有任务

制定一份包含所有目标相关任务的详尽清单，并不断对其进行完善，以确保所有关键事项都得到记录，没有任何遗漏。

第四步：优先级排序

运用 ABCDE 法对任务进行优先级划分。A 级任务至关重要，必须优先完成；B 级任务是应当完成的；C 级任务是轻松且令人愉悦的；D 级任务可委派给他人；E 级任务则可考虑取消。

第五步：制订计划

依据优先级顺序，对计划进行梳理，将任务细化为明确的行动步骤，并据此拟定月度、周度及日常计划。

第六步：执行计划

按照计划立即执行，每天处理一些问题，逐步推进主要目标的实现。

第七步：精力管理

妥善管理个人精力，识别出黄金工作时段（即状态最佳且不受干扰的时刻），以完成最具挑战性的任务。维持良好的作息规律，例如早睡早起，并确保每周至少安排一天的休息时间。

吃青蛙时间管理法能够帮助你更好地规划和管理时间，提高工作效率，实现目标。

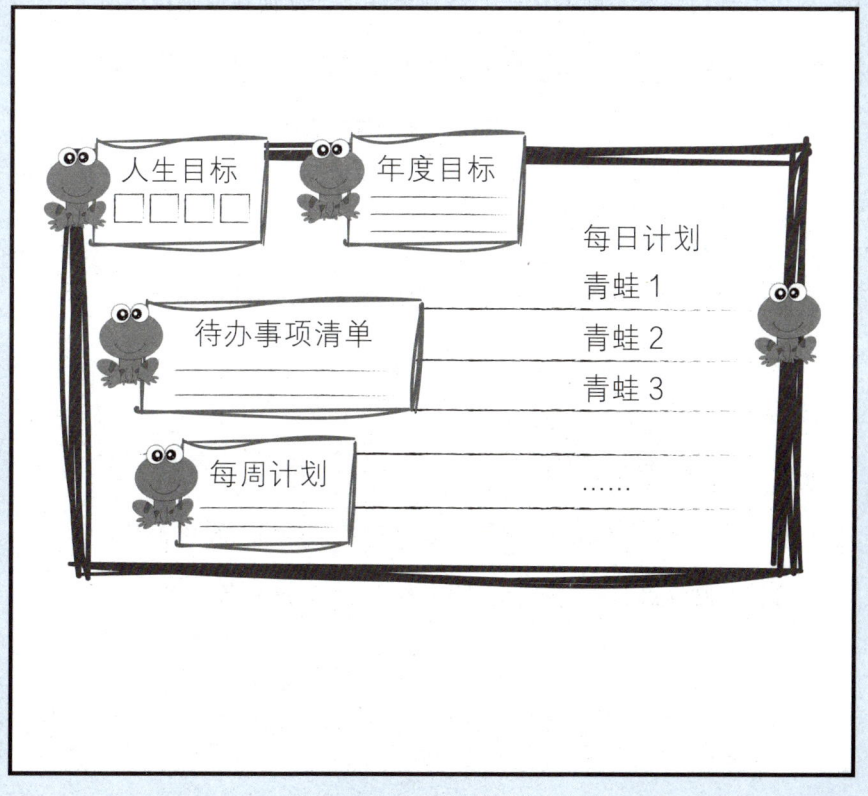

吞青蛙时间管理法的好处

· 提高效率

通过专心致志地处理最关键的任务，并摆脱琐碎事务与外界干扰的束缚，我们能够显著提升工作效率。

· 树立优先级意识

把最重要的任务放在首位，使人们能够更清晰地认识到哪些事项最值得关注和投入时间。这种意识有助于我们更加明智地规划和安排工作，从而确保核心任务得到优先处理。

· 培养坚持不懈和专注的习惯

通过持续不断地优先处理重要任务，即便在面临挑战时，我们也能逐渐培养出坚持不懈和专注的工作习惯。这种习惯将成为我们实现高效工作和达成目标的重要基石。

· 减少焦虑，降低压力

及时攻克难题，可以有效缓解焦虑和压力的不断累积，从而让你保持一个积极高效的工作状态。

· 提升自信心

每当你成功拿下重大项目，你的自信心就会得到提升，让你更加坚信自己有能力在限定时间内出色完成任务。

・提高工作质量

专注于关键任务，你将能投入更多时间和精力，进而确保你的工作成果达到更高的质量水准。

・增加时间自主权

当你优先处理重要任务时，你将拥有更多的自主权来规划自己的时间，不再被琐碎的工作或他人的安排所束缚。

注意事项：

（1）避免过度负荷

了解自己的时间和能力限制，避免将过多任务排在一天内，避免因过度负荷而影响效率。

（2）使用工具支持

使用时间管理工具、提醒器或日程安排应用程序来帮助自己更好地执行和追踪吞青蛙时间管理法。

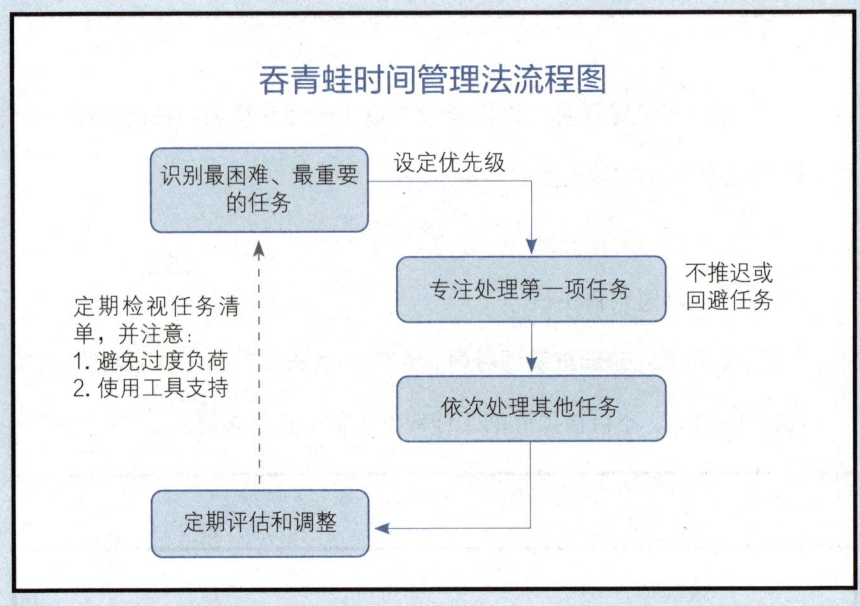

吞青蛙时间管理法实战案例

王勇是一名市场专员，肩负着策划市场推广计划、执行营销活动及与客户沟通等多重职责，为提高工作效率，他决定采纳吞青蛙时间管理法。

- 识别优先级任务

王勇深知在市场推广领域，时间显得更加珍贵。因此，他养成了每日工作前评估当日任务并明确优先级的习惯。他精心对任务进行分类，依据难度和重要性进行排序，从而确保关键任务如挖掘潜在客户、策划新产品推广活动等总能得到优先处理。

· 制订详细计划

为了提高工作效率，王勇还坚持在每天工作开始前制订详尽的工作计划。他将目标细化为具体的步骤和执行时段，并借助待办事项列表和日程表等时间管理工具来实时监控进度。比如，他会在清晨就确定好当天的重点任务，并精确规划出每项任务的执行时间和所需资源，以确保一切有条不紊地进行。

· 专注于一项任务

为了确保工作的高效性，王勇坚持"一次只做一件事"的原则。他会有意识地搁置其他任务，全神贯注地完成手头最重要的工作。为此，他关闭了手机上的各类通知和社交媒体应用，以最大限度地减少干扰，让自己能够全身心地投入到工作中。

举例来说，每当他准备与潜在客户进行电话沟通时，他都会确保自己处在一个不会被其他任何事务打扰的环境，从而保持高度的专注力。

· 跟踪进展和适时调整

此外，王勇还非常重视对工作进展的持续跟踪和适时调整。他会定期回顾自己的工作进度，检查是否一切都在按计划进行。一旦发现某项任务过于繁重或时间分配不够合理，他就会立即对工作计划进行相应的调整，以确保最终能够顺利达成目标。

王勇的待办事项列表如下表所示。

任务优先级	时间安排	待办事项
P0	8:00 — 10:00	挖掘潜在客户
		☑ 1. 识别潜在客户
		☑ 2. 建立初步联系
		☑ 3. 了解客户需求
		☑ 4. 提供解决方案
P0	10:00 — 14:00	策划新产品的推广活动
		☑ 1. 确定目标受众
		☑ 2. 进行市场调研
		☐ 3. 制定推广策略
		☐ 4. 制定预算
		☐ 5. 选择传播渠道
		☐ 6. 拟定推广内容
P1	14:00 — 16:00	以往产品的数据分析
P2	16:00 — 17:00	个人学习和提升

突发事件解决案例

这天清晨,王勇突然接到了一个紧急的客户投诉电话。客户对之前的市场推广活动效果表达了强烈的不满,这让王勇立刻意识到了事态的严重性。他当机立断,将这一突发事件确定为当天的首要任务,并立刻放下了手头的工作。

为了全面了解客户的不满和期望,王勇亲自与客户进行了深入沟通。他耐心倾听了客户的意见和具体反馈,同时也向他们详细解释了公司的策略和已经采取的措施。

紧接着,王勇召集团队成员召开紧急会议。针对收集到的反馈数据,他们一起深入分析了之前的市场推广活动,找出了存在的最主要的问题,并根据解决方案目标制订详细的计划,包括具体步骤、时间节点、责任人等。

王勇迅速响应，针对客户需求重新精心制订了市场推广计划，并与客户进行了及时而有效地沟通，成功化解了投诉问题。凭借出色的专业能力和高效的时间管理策略，他逐渐扭转了客户对公司的看法，使客户的态度变得积极且满意。

通过运用吞青蛙时间管理法，王勇不仅能够高效地管理自己的时间，还能在面对突发状况时迅速做出反应，有效地解决问题，这些都充分体现了该方法的实用性和有效性。

莫法特休息法

什么是莫法特休息法？

莫法特休息法这一时间管理方法，得名于《圣经·新约》的翻译者詹姆斯·莫法特。

在莫法特的工作环境中，他精心布置了三张书桌。第一张桌子上整齐地摆放着他正在翻译的《圣经·新约》的稿件；第二张桌子上则铺展着尚未完成的论文草稿；而第三张桌子上，则是他正在构思的侦探小说手稿。

每当翻译工作让莫法特感到疲惫时，他便轻轻地将椅子移至第二张桌子旁，开始沉浸在论文的写作中。当论文的写作变得有些单调乏味时，他又会将椅子移到第三张桌子，投身于侦探小说的创作世界。而每当侦探小说的创作遭遇瓶颈，他便会回到第一张桌子前，重新投入到《圣经·新约》的翻译工作中。这种独特的工作方式，使得莫法特能够在不同类型的工作间轻松切换，从而保持高效与创造力。

每一次的转换对莫法特而言，都如同一种精神上的休憩，这正是我们常说的"换换脑子"。

想象一下这样的场景：在教室里，考前复习的气氛紧张而沉重。学生们埋头苦干，刷题刷到头晕目眩，情绪也变得焦躁不安。老师观察到这一切，于是温和地建议："同学们，如果你们刷题刷得累了，不妨尝试换换脑子，背几个单词来放松一下。"在这里，背单词就成了刷题疲惫后的一种独特休息方式。

这正是莫法特休息法的核心理念所在，它也被称作连续分段时间管理法。这种方法强调避免长时间专注于同一项工作，以免引发疲惫和厌倦。通过不断变换工作内容，人们能够持续保持精神上的兴奋，从而维持更高的工作效率。同时，这种方法还有助于减轻压力和缓解焦虑，让工作与生活变得更加和谐与愉悦。

莫法特休息法的适用性

莫法特休息法广泛适用于多种场景，尤其对于那些需要长时间集中注意力完成任务的人来说，这种时间管理技巧能显著提升工作效率和生产力。然而，值得注意的是，莫法特休息法会较为频繁地打断连续性工作，因此并不适用于所有情况。接下来，我们将分别列举几种适用与不适用的典型场景。

适合使用莫法特休息法的场景

• 需要完成多项任务的人

对于那些短期内肩负多项任务的人来说，莫法特休息法如同一把利器。它有助于他们凝聚注意力，高效地推进各项任务，从而避免疲劳对工作效率产生的负面影响。

• 学生或研究专员

学生和研究专员在追求学术深度时，莫法特休息法为他们提供了一种节奏感。通过有规律的间隔学习，他们可以更好地把握学习进度，同时保持注意力的集中，进而提高学习效果。

• 办公室工作人员

对于长时间坐在办公桌前的职员来说，莫法特休息法可以说是一种解法。它能够帮助他们避免久坐的疲劳，防止注意力分散，从而使他们在提高工作效率的同时，也能兼顾身体健康。

• 创意工作者

创意工作者需要源源不断的灵感和创造力。莫法特休息法让他们在工作与休息之间找到了平衡点，使他们在专注工作时能全力以赴，在休息时大脑得到放松，从而激发更多的创意火花。

不适合使用莫法特休息法的场景

• 严格遵循时间表的生产线工作者

生产线工作者的工作需要严格遵循既定的时间表，通常无法自由安排休息时间。对于他们来说，根据工作安排的节奏进行工作会更加适合，而不适合采用莫法特休息法。

• 紧急任务和紧迫工作

当面临突发的紧急任务或时间紧迫的工作时，按照莫法特休息法来安排时间可能会显得不太切合实际。这种方法需要固定的周期和休息时间，在紧急情况下，这种固定模式可能无法灵活应对。

• 某些创造性工作

某些创造性工作，可能需要更长的连续时间，这样工作者才能进入深度思考和创新状态。在这种情况下，莫法特休息法所提供的短暂休息时间可能会对这种状态的保持产生干扰。

总体而言，莫法特休息法广泛适用于那些要求高度集中注意力和提升效率的工作场景。它并非放之四海而皆准的方法。个人需求与工作性质是决定是否采用莫法特休息法的关键因素。

莫法特休息法的注意事项

挑选一个相对宁静、不受打扰的环境进行工作或学习,以防受到不必要的干扰。

在处理每项任务时,务必保持高度专注,避免同时处理其他事务而导致分心。

尽量避免过度沉迷于手机或其他社交媒体,以防占用宝贵的休息时间或分散注意力。

莫法特休息法实战案例

医学研究生刘馨尝试使用莫法特休息法安排自己的一天。

她把自己今天的任务列出来,一共有三项。

任务A:阅读医学期刊和整理笔记。

任务B:研究课题的实验设计和进行数据分析。

任务C:聚焦于文献综述和撰写论文。

刘馨基于过往的经验，对自己的专注时长进行了初步评估，并据此将每个时间段设定为一小时。她精心安排了以下时间表。

上午时段：

8:00—9:00：刘馨开始第一小时的任务 A，全神贯注地阅读医学期刊并整理相关笔记。

9:00—10:00：进入第二小时，她转向任务 B，深入研究课题的实验设计并进行数据分析。

10:00—11:00：第三小时，她开始任务 C，聚焦于文献综述和撰写论文的开头部分。

11:00—12:00：她再次回到任务 A。这个时间段是灵活的，如果感到疲劳，她会稍作休息，起身走动或做些拉伸运动来放松身心。若在某项任务中仍保持充沛精力，她也会适当延长工作时间。

中午时段：

12:00—13:00：午餐时间到，刘馨选择了一份营养且健康的餐食。在享受美食的同时，她与同学们进行了愉快的交流，这不仅放松了身心，还为她下午的工作积蓄了能量。

下午时段：

13:00—15:00：刘馨突然被导师召见，被通知需要参加一场紧急且至关重要的会议。这场会议持续了整整两小时。会议期间她全神贯注于会议内容，直至15:00会议圆满结束。

会议之后，刘馨继续运用莫法特休息法来规划她下午的工作。

15:00—16:00：她投入到任务B中，专注于分析数据。

16:00—17:00：接着，她转向任务C，开始撰写论文。这一阶段的工作完成后，刘馨带着更为轻松的心情进入了最后一小时的工作。

17:00—18:00：她处理了一些相对轻松的事务，包括回复邮件、整理实验室材料，以及为明天的工作做好准备。

在这个案例中，刘馨通过将一天的工作划分为多个连续的时间段，并在不同任务间转换，保持了工作的新鲜感。这样的时间安排对她的注意力保持和学习效率的提高都大有裨益，有效地降低了疲劳感。

8 麦肯锡 30 秒电梯理论

什么是麦肯锡 30 秒电梯理论？

麦肯锡 30 秒电梯理论，最初由麦肯锡顾问公司提出，是一种高效的时间管理和沟通技巧。

这一理论的核心思想是在极短的时间内——如同乘坐电梯的 30 秒左右——以精练的语言准确传达最关键的信息。它要求我们在电梯内的短暂相遇中，能够简洁、有重点地介绍自己或阐述一个想法，以此迅速获取他人对自己的注意。这种技巧在快节奏的现代社会中尤为重要，能够帮助我们有效地传递信息并建立良好的初步印象。

麦肯锡 30 秒电梯理论的核心思想

以最少的时间、最精练的语言清晰地传达最关键的信息。

麦肯锡 30 秒电梯理论的应用场景

麦肯锡 30 秒电梯理论在多种需要在有限时间内简洁明了地传递信息的场景中适用,以下是几种常见的应用场景示例。

• 自我介绍

在社交聚会或求职面试等场合,你若希望简洁而精准地展示自我,此理论便是得力助手。你可以借此突出自己的核心优势和独特价值,迅速给人留下深刻印象。

• 项目提案

无论是在会议还是商务洽谈中,当你需要向团队或投资者推介一个项目或商业机会时,运用 30 秒电梯理论能让对方迅速了解你的项目背景、核心目标和盈利模式,为后续深入讨论奠定坚实基础。

• 销售推广

在销售过程中,利用短暂时间向潜在客户精炼地介绍产品的关键特性和市场优势,运用 30 秒电梯理论迅速激发客户兴趣,为后续深入交流和促成交易创造更多可能。

- 演讲开场白

在演讲或公开讲话时，运用 30 秒电梯理论作为引人入胜的开场白，不仅能迅速吸引听众的注意力，还能精练地概括演讲的核心主题和主要内容。这种开场白方式为听众提供了一个清晰的框架，有助于他们更好地理解和专注于演讲。

麦肯锡 30 秒电梯理论的基本原则

- 简洁明了

在短短的 30 秒内，要力求信息的简短与概括性强，坚决摒弃冗长和繁杂的叙述。

- 突出重点

明确并前置核心信息，确保在有限时间内，听众能迅速明白并记住你的主要观点。

- 语言简单易懂

避免使用过于专业的术语和复杂的句子结构，选择简练、通俗的词汇，以帮助听众快速理解。

• 引人注意

运用有吸引力的措辞或独特的思考角度，比如提出问题或分享有趣的见解，以此激发听众的兴趣。

• 适用于不同的受众

针对不同的听众群体，你应灵活调整介绍策略和内容。重要的是要以听众的背景和兴趣为出发点，确保你的信息与他们的需求和兴趣紧密相连，从而让他们感受到信息的针对性和价值。

• 练习和反馈

用持续不断的实践来精练和完善你的30秒电梯介绍。积极接受他人的意见和建议，这样不仅可以提升你的表达能力，还能让你的信息传递更加精准有效。

使用麦肯锡30秒电梯理论的具体步骤

准备阶段

• 设定明确目标

在准备阶段，首先要明确自己在30秒内希望传达的核心信息。这条信息应与听众的兴趣和背景紧密相连，确保其相关性和吸引力。

- 深入了解受众

　　对即将在电梯中遇到的交流对象进行深入了解，包括他们的职业特点、个人兴趣及背景信息。这种了解将有助于你选择合适的语言和内容，从而更有效地进行信息传递。

- 信息的精简与筛选

　　对你想要传达的信息进行彻底梳理，去除冗余部分，仅保留最关键、最具影响力的内容。这一过程确保你的信息传递精准、高效，能在极短的时间内产生最大影响。

- 增强吸引力

　　要在30秒内迅速抓住听众注意力，不妨尝试这三种方式：用生动的语言描绘场景，抛出引人深思的问题制造悬念，或用精巧的趣闻轶事引发共鸣——这些技巧都能在瞬间点燃对方兴趣，让你的开场介绍绽放独特魅力。

具体操作阶段

- 介绍自己或主题

　　在开场白中，使用简练而直接的语言来介绍自己或阐述主题，并立刻点明要点。例如："您好，我是XXX，作为一名市场营销专家，我专注于数字营销与品牌建设领域。"

· 激发兴趣

紧接着，用一句精练且吸引人的话语或问题来激发对方的兴趣。例如："您是否想了解如何利用社交媒体更有效地吸引潜在客户？"

· 传递关键信息

在随后的时间里，紧扣核心信息，给出简洁明了的介绍或主要观点。例如："我能够通过精准的广告投放策略和创新的营销手段，显著提升公司在社交媒体上的品牌曝光度，进而吸引更多新客户。"

· 结束和行动呼吁

在介绍即将结束时，以一句简洁有力的语句来总结你的观点，并发出明确的行动呼吁。例如："如果您对数字营销有任何疑问或想要深入了解，我非常愿意分享我的经验和见解，让我们共同探讨吧。"

· 练习和反馈

反复演练你的 30 秒电梯介绍，确保流畅自然。同时，邀请身边的朋友或同事提供宝贵的反馈意见。他们的建议将是你不断优化、提升表达能力的关键。

麦肯锡30秒电梯理论实战案例

张伟是一家科技公司的CEO，最近获得了一个珍贵的30秒机会，即与一位重要的天使投资人进行沟通。他的目标是利用这次短暂的交流，成功为公司争取到新一轮的融资。为了实现这一目标，张伟决定采用"麦肯锡30秒电梯理论"来策划他的说辞，以期在极短的时间内精准地传达出公司的核心价值与巨大的增长潜力，从而赢得这位天使投资人的关注和支持。

准备阶段

•目标确定

张伟清楚地知道，他的主要任务是在这短短的30秒内，向天使投资人展示公司的核心价值及未来的增长机会。为此，他需要提前准备好精炼、有力的说辞，确保每一个字都发挥最大的作用，让投资人能够在短时间内了解公司的潜力和投资价值。

•受众分析

张伟深入分析了这位天使投资人的投资偏好、过往投资领域及其特别关注的行业趋势。这样的分析帮助他精准地把握了投资人的需求，从而能够有针对性地构建自己的30秒介绍，确保内容与投资人的兴趣和期望高度契合。

- 信息筛选

为了确保信息的精准传达，张伟精心筛选了公司最具吸引力的几个关键点：创新的人工智能技术、持续增长的市场需求，以及具有巨大潜力的商业模式。这些信息不仅凸显了公司的核心价值，也展示了其广阔的市场前景。

- 增加吸引力

为了在这短暂的 30 秒内牢牢抓住投资人的注意力，张伟巧妙地融入了一些引人注目的行业数据和市场案例。例如，他引用了关于人工智能市场高速增长的最新统计数据，以及公司技术在现实场景中的成功应用案例。这些具体而有力的信息点，无疑大大增强了其介绍的吸引力。

具体操作阶段

- 介绍自己和公司

张伟热情地迎上前与投资人打招呼，并言简意赅地进行了自我介绍和公司概述："您好，我是张伟。我是灵感智控公司——一家深耕人工智能（AI）技术领域的创新型创业公司的 CEO。我们致力于将 AI 技术应用于实际问题的解决中，推动行业发展。"

- 吸引投资人的兴趣

张伟巧妙地抛出一个引人深思的问题,以激发投资人的好奇心:"您是否想过,创新的人工智能技术如何能够精准对接并满足当前市场的真实需求?"

- 关键信息介绍

在有限的时间里,张伟紧接着展示了公司的核心竞争力和巨大的增长潜力:"我们公司所掌握的人工智能技术,能够通过深度数据分析和精准预测,助力企业实现运营优化和持续增长。权威市场研究报告显示,该领域预计未来几年将以15%的年复合增长率持续扩张。这意味着,我们的技术不仅具有强大的市场需求,而且有着广阔的增长前景。"

- 结束和行动呼吁

张伟在结束交流时，给出了精练的总结并发出明确的行动呼吁："若您对我们的人工智能技术感兴趣，或者希望深入探讨我们的发展蓝图及融资需求，欢迎您随时与我取得联系，共同开启新的合作篇章。"

×××公司融资沟通内容策划			
日期	2023/12/1	地理位置	北京
执行人	张伟	联系电话	133-××××-1234
准备阶段	目标： 为公司争取新一轮融资 在30秒的时间内向天使投资人传达公司的核心价值和潜在增长机会		
	受众分析： 天使投资人的投资偏好 天使投资人的行业背景 天使投资人的关注点		
	信息筛选： 公司的创新人工智能技术 市场需求的增长趋势 潜在的商业模式		
	增强吸引力： 人工智能市场增长的特定数据 人工智能市场增长的现实案例		

××× 公司融资沟通内容策划	
实操阶段对应话术	**介绍自己和公司：** 您好，我是张伟。我是灵感智控公司——一家深耕于人工智能技术领域的创新型公司的 CEO。我们致力于将 AI 技术应用于实际问题解决中，推动行业发展。
	引起投资人兴趣： 您是否想过，创新的人工智能技术如何能够精准对接并满足当前市场的真实需求？
	关键信息介绍： 我们公司所掌握的人工智能技术，能够通过深度数据分析和精准预测，助力企业实现运营优化和持续增长。权威市场研究报告显示，该领域预计未来几年将以 15% 的年复合增长率持续扩张。这意味着，我们的技术不仅具有强大的市场需求，而且有着广阔的增长前景。
	结束和行动呼吁： 若您对我们的人工智能技术感兴趣，或者希望深入探讨我们的发展蓝图及融资需求，欢迎您随时与我取得联系，共同开启新的合作篇章。

★最终成果：
成功引起天使投资人的兴趣，为公司争取到新一轮的融资。

最终成果

通过巧妙运用麦肯锡30秒电梯理论，张伟成功地吸引了天使投资人的关注并激发了他们的浓厚兴趣。他精准而有力地传达了公司的核心理念、市场商机及增长预期，使得投资人对公司前景大为看好，并决定深入了解更多公司详情及融资需求，为双方未来的合作奠定了坚实基础。

最终，张伟精湛的30秒电梯介绍赢得了天使投资人的青睐，成功地为公司争取到新一轮融资，为公司的持续发展注入了新的活力。

❾ 80/20 法则

什么是 80/20 法则？

80/20 法则，亦被称作帕累托法则、二八定律或帕累托分析，是由意大利经济学家维尔弗雷多·帕累托在 19 世纪末提出的经济学原理。这一法则如今已被广泛认为是时间管理的重要原则。

80/20 法则的核心观点在于：80% 的成果往往源自仅 20% 的原因。换言之，在我们的日常生活与工作中，只有少数关键性事务能够贡献大部分成果，而其他大量的事务则仅能产生较小的影响。这一法则强调了识别和专注于那些真正重要、具有较强影响力的 20% 的任务的重要性，以实现效率和成果的最大化。

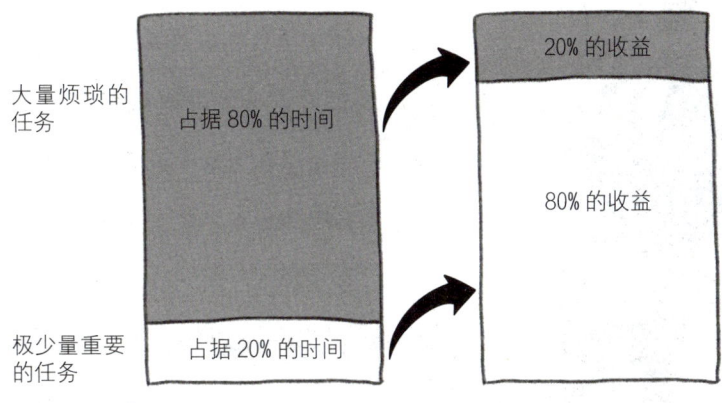

根据80/20法则，我们应当优先关注并专注于那些能够带来最大回报的关键任务，而非沉溺于琐碎且无意义的工作。通过精确识别和全神贯注于这些核心任务，我们能够更加高效地利用时间和资源，从而显著提升工作效率和生产力。

80/20法则中的关键任务解读

80/20法则的精髓在于将我们宝贵的时间和精力聚焦于最为重要的事务上。而哪些事务最为重要，则取决于你当前的工作环境及你所追求的职业目标。因此，在实际工作中，你需要根据自身的具体情况和职责来精确判定哪些任务对你的成功至关重要。随后，将这些任务归入你的20%关键工作清单，以确保你能够集中精力去高效地完成它们。

这些关键任务因个人情况而异，以下是一些常见的实例。

- 维护重要客户的关系

通过分配80%的时间和精力，专注于与占总数20%的重要客户建立并维护稳固的关系。深入了解他们的需求，及时解决问题，从而确保客户满意度和业务的持续增长。

• 推进关键项目

将关键项目视为 20% 的核心任务，并投入 80% 的精力以推动其进展，从而确保项目能够按时交付并实现既定目标。

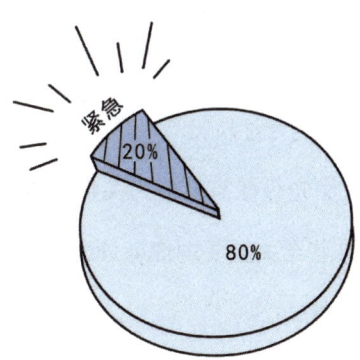

• 战略规划

在战略规划中应用 80/20 法则，即将 80% 的精力投入长期规划、市场趋势分析及竞争对手评估等方面，做出明智的决策以保持企业的竞争力。

• 自我提升

投入 80% 的时间用于学习和自我提升活动，如阅读书籍、参加培训课程或开展个人项目。这样做可以不断提升个人的能力和增加知识储备，进而提高职业竞争力。

· 创新及持续改进

投入一定的时间来推动创新与完善工作，这涵盖了提出新颖理念、优化工作流程及探寻提升效率的新途径。这样的投入对提升工作质量和效率至关重要。

· 高优先级任务的专注执行

我们要将那些优先级最高、最为关键的任务归入 20% 的核心工作中，确保为这些至关重要的任务分配充裕的时间和资源，从而保障其顺利完成。

80/20 法则的基本原则

80% 的结果往往仅源于 20% 的原因，这一原则提醒我们要识别出那些能够对结果产生最大影响的 20% 的关键任务和活动。

· 重点管理

为了追求卓越，我们需要将时间和精力聚焦于最重要的任务上。这意味着我们应该专注于那些能够带来最大回报和效益的工作，避免被琐碎的事务分散注意力。

· 优先级排序

为了提高工作效率，我们应该根据任务的重要性和紧急性进行排序，并据此合理安排时间。这样的做法有助于我们集中精力处理那些关键任务,确保我们的工作能够取得最大的成果。

• 时间分配

为了确保关键任务得到妥善处理,我们应当为其分配更多的时间和资源。同时,注意警惕不要在那些对最终结果影响甚微的事务上过度消耗精力。

• 批量处理策略

为了提高工作效率,对于相似或同类型的任务,我们应尽量采用集中处理的方式。例如,可以批量回复邮件和电话,以降低中断任务或切换所带来的时间成本。

• 剔除无效和低效任务

我们要积极识别并摒弃那些对最终结果几乎没有影响的任务,从而避免不必要的时间和资源浪费。这样做能够让我们更加专注于那些真正重要且有价值的工作。

- 适应性调整

根据实际情况不断调整和优化任务的分配和安排，使时间管理更加灵活和高效。

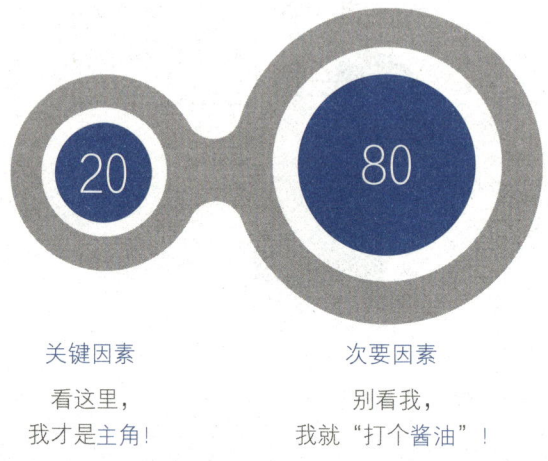

关键因素
看这里，
我才是主角！

次要因素
别看我，
我就"打个酱油"！

使用 80/20 法则的具体步骤

第一步：明确关键任务

细致地审查并精确识别出那些对最终结果产生决定性影响的关键任务。深入思考与分析哪些工作能够带来最显著的回报与效益。

第二步：审视时间利用情况

对当前的时间利用情况进行全面评估，详细了解个人时间的分配情况。通过这一步骤，找出那些消耗时间却收益甚微，甚至毫无价值的任务，为后续优化时间管理奠定基础。

第三步：确立优先级

根据任务的重要性和紧急性进行细致排序，构建清晰的优先级列表，确保将最关键的任务置于首要位置。

第四步：合理分配时间

依托优先级列表，为每个任务精准分配时间和资源。对核心任务给予更多的时间和注意力，确保其得到充分且高效地处理。

第五步：集中处理相似任务

为提高效率，应将同类型任务进行归类并集中处理，以此减少任务切换和中断所产生的额外时间成本。

第六步：剔除低效任务

细致审查任务清单，准确识别并剔除那些对最终结果影响甚微的低效或无效任务。

使用 80/20 法则的注意事项

· 定期检查与调整

需定期回顾任务清单，检查进度并根据实际情况及优先级变动，灵活调整时间和任务分配。

· 保持专注与自律

在执行任务时，务必保持高度专注，有效抵御外界干扰。同时，强化自律意识，严格遵守既定的时间规划和任务分配。

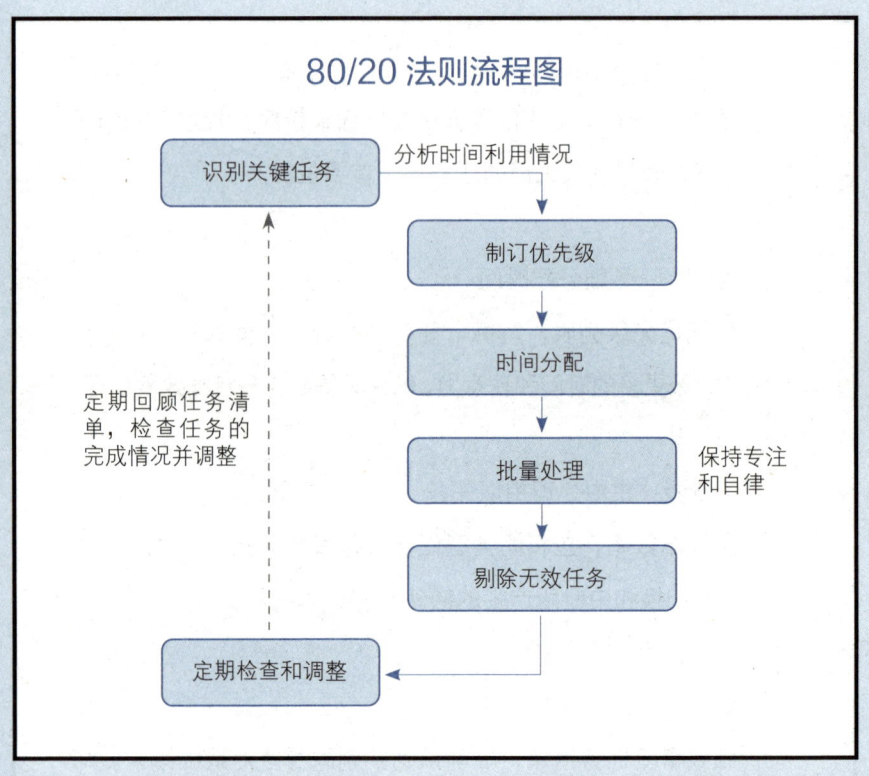

80/20 法则实战案例

作为一名供应链专家,程涛每天都需要应对与供应商和客户之间的沟通、项目推进及物流管理等繁忙工作。为了提升工作效率,他决定引入 80/20 法则来优化自己的工作模式。

- 识别关键任务

程涛首先识别出对供应链运作和业务成功至关重要的任务,如供应商关系的维护、库存管理及订单处理等。

• 分析时间利用情况

他深入分析了自己的时间利用情况,确保时间主要投入到最重要的任务上,并找出可以优化的地方。

• 确定优先级

根据任务的重要性和紧急性,程涛制定了一个明确的优先级列表,以便高效地处理工作。

• 时间分配

他将更多时间和精力分配给优先级高的任务,如与供应商沟通、确保供应链顺畅运作,同时合理处理库存和订单等关键任务。

• 批量处理同类任务

在处理大量相似任务时,程涛采用批量处理的方法,以提高工作效率和减少切换成本。

• 剔除无效任务

他还仔细审视任务清单,剔除对供应链效率影响甚小的无效任务,从而节省时间和精力。

通过运用 80/20 法则,程涛能够更加高效地管理供应链,提升整体工作效能

• 定期检查与调整

程涛会定期回顾和审视自己的任务清单，仔细检查各项任务的完成情况，并根据实际情况进行必要调整。他密切关注业务发展动态和供应商状况，以此为依据，灵活调整任务的优先级和时间分配。

通过深入应用 80/20 法则，程涛显著提升了自己时间管理的效能，使他能够更加专注于处理关键任务，进而提高了整体工作效率。他与供应商和客户之间的沟通变得更为顺畅高效，供应链流程得到了进一步优化，服务质量也随之大幅提升。

这一系列改进不仅提高了供应链的效率和竞争力，而且也助力程涛实现了个人的职业发展目标。

10 奥卡姆剃刀定律

什么是奥卡姆剃刀定律？

奥卡姆剃刀定律，也被称为"奥康的剃刀"，这一理念起源于14世纪的英国逻辑学家威廉·奥卡姆（William Ockham）。它不仅在科学和哲学领域有着广泛应用，而且深深影响着我们的日常生活。

此定律的核心思想是"如无必要，勿增实体"，这也可以被理解为"简单有效原理"。它推崇的是通过简化管理，将复杂的事务简化，以最高的效率和最直接的方式达到目标。

奥卡姆剃刀定律带给我们的启示

尽量减少一些浪费时间的无效社交和机会,尽量用最简单的方法集中精力做好一件事。

奥卡姆剃刀定律的基本原则

· 意识到时间的珍贵性

时间是一种不可再生的资源,每一刻的流逝都是不可逆的,因此我们必须明智地管理和利用它。

· 简化任务

在纷繁复杂的任务中,我们应首先聚焦于那些既重要又紧急的事务,避免在无足轻重、产出低效的工作上消耗宝贵时间。

· 设定清晰且具体的目标

为每个任务设定明确的目标和时限。在有限的时间内,明确的目标能显著提升我们的工作效率。

· 摆脱过度分析的陷阱

不要沉溺于细枝末节，也无须追求完美无缺。简单而高效的解决方案往往更加实用和可行。

· 保持专注

全身心投入当前任务中，避免在多任务间频繁切换，这样不仅能提升效率，还能培养深度专注力。

· 持续改进工作流程

不断审视和优化工作流程，以找出并消除浪费时间的环节，从而实现时间的最大化利用。

· 审慎评估任务价值

在投入时间和精力之前，要深思熟虑每项任务对个人和组织目标的贡献度。

· 适应性和灵活性

工作环境和需求不断变化，我们应保持足够的灵活性和适应性，根据实际情况调整工作优先级和策略。

奥卡姆剃刀定律的核心理念在于简化。当面临多种解释或假设时，我们应倾向于选择最简单、最直接的方案，仅在必要时才考虑增加复杂性或引入更多的因素。

换言之，我们应尽量避免增添不必要的实体、原则或解释，从而简化过程。这一定律植根于一种基于经验和理性的思考模式。奥卡姆的理念是，通常情况下，最简单的解释往往更易于理解、应用和验证。因此，在面对问题时，若存在两个或多个能解释同一现象的理论，我们应选择其中最为简洁的那个。

奥卡姆剃刀定律的应用场景

通过运用奥卡姆剃刀定律,我们能够有效地避免工作和生活中的过度复杂化,从而实现时间的高效管理。

在面对各项任务时,我们可以思考以下问题:

是否存在更为简洁的方法来完成任务?

是否有冗余的步骤或环节可以被剔除?

是否有简化的工具或技巧可以加以利用?

在工作实践中,众多工作事项都非常适合运用奥卡姆剃刀定律来进行时间管理。

- 任务分解

对于庞大复杂的项目或任务,我们可以将其拆解为更小、更具体的子任务。奥卡姆剃刀定律在此过程中能够帮助我们识别出最基础、最关键的任务,进而实现时间的合理安排。

- 优先级划分

我们可以根据工作的重要性和紧急程度来对任务进行排序。借助奥卡姆剃刀定律,我们能够更准确地识别出哪些任务至关重要,从而优先完成。

- 决策制定

在决策过程中,奥卡姆剃刀定律能够引导我们发现最简单、最有效的解决方案,这不仅节省了时间,还降低了精力的消耗。

· 会议管理

在安排会议的过程中，奥卡姆剃刀定律是一个得力的助手。它可以帮助我们判断是否真正需要召开会议，并帮助我们筛选出最重要的议题进行讨论。通过这样做，我们能够有效地减少低效和无效的会议，提高工作效率。

· 备忘录和待办事项

在制定备忘录和列出待办事项方面，奥卡姆剃刀定律同样发挥着重要的作用。它协助我们识别出最关键、最迫切需要完成的任务，从而确保我们的时间得到最有效利用，不被琐碎的事务所困扰。

使用奥卡姆剃刀定律的具体方法

· 识别关键目标

为了确保你的时间和精力都集中在最有价值的事务上，首要任务是明确并锁定你最重要的目标和任务。

· 识别非关键活动

细心检视你的每日工作与活动，识别出那些可以被剔除、缩减或委托给他人的任务。这些任务通常与你的核心目标无直接联系，减少它们能帮你更专注于关键任务。

- 简化决策

在决策过程中，奥卡姆剃刀原则鼓励我们选择最直接、最简单的解决方案，从而避免不必要的复杂分析和冗长的步骤，使决策更为高效和明确。

- 简化时间表

要深刻理解和接纳时间的有限性，避免给自己安排过多的任务，确保能够拥有充足的休息时间，以维持身心的平衡与健康。

- 学会说"不"

为了节省宝贵的时间和精力，应学会果断拒绝那些与自身目标和价值观不符的请求。

- 反思和调整

要养成定期回顾时间管理策略的习惯，深入分析哪些方法产生了实效，哪些方法有待调整和优化，以便更好地管理时间，提高效率。

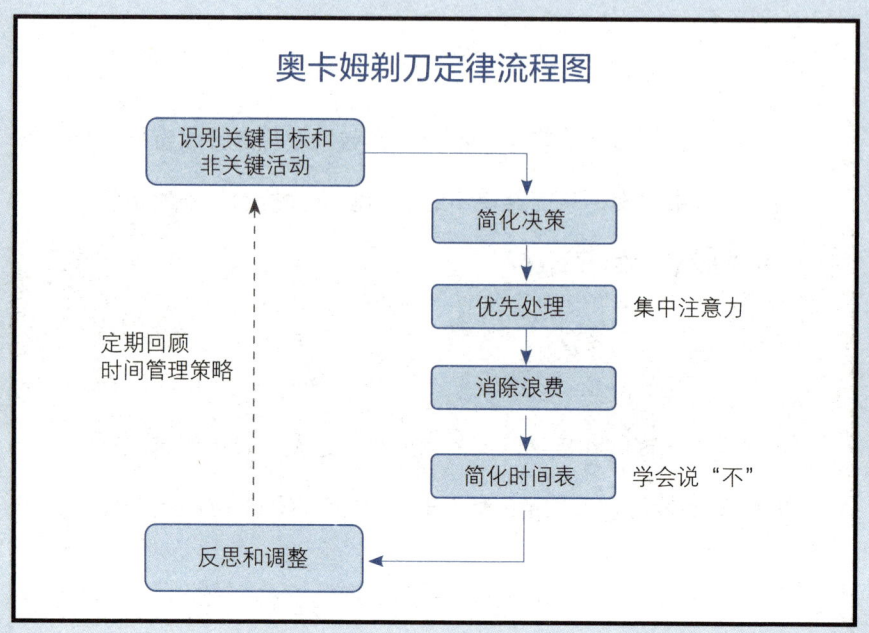

奥卡姆剃刀定律实战案例

王鹏身为一家互联网公司的产品总监，肩负着公司产品研发和项目推进的重任。为了提高团队的工作效率，他巧妙地运用了奥卡姆剃刀定律进行时间管理，并在以下几个方面做了改进。

• 会议时间管理

在安排会议时，王鹏严格遵循奥卡姆剃刀定律，确保只邀请对议题有直接关联的参与者，从而使得会议的主题和议程更加聚焦。他努力压缩会议时长，剔除了冗长的讨论和不必要的细节探讨，这一举措极大地节约了时间，并推动了工作效率的显著提升。

• 工作流程优化

王鹏对团队内部的各项工作流程进行了全面的评估与梳理，果断删除了多余的步骤和无效环节。他积极推动工作流程的简化和标准化，使得项目和产品研发的推进变得更为迅速和高效。

• 产品复杂性控制

在产品开发阶段，王鹏同样运用了奥卡姆剃刀定律来优化产品的复杂性。他坚持产品设计和功能决策必须以实际需求和用户反馈为依据，坚决避免无意义的功能堆砌。通过精简非核心功能和特性，王鹏成功地掌控了产品的开发周期和发布进度，为公司带来了更大的竞争优势。

• 项目优先级管理

身为产品总监，王鹏肩负着同时管理多个产品和项目开发的重任。他巧妙运用奥卡姆剃刀定律，将时间和资源优先投向那些至关重要且紧迫的项目上。在评估不同项目的风险、价值及预期成果上，他能够合理安排时间和优先级，从而确保关键项目得以顺利且及时完成。

• 决策制定

在面临重大决策时，王鹏秉持奥卡姆剃刀定律，避免陷入过度分析和冗余因素的泥潭。他聚焦于评估那些最关键的要素，并据此做出明智的决策。这一做法不仅节省了宝贵的时间，还提升了决策过程的效率。

- 团队协作的强化

　　作为产品团队的领导者，王鹏深知与各部门紧密合作的重要性。他努力协调各方资源和工作进度，同时鼓励团队成员之间高效沟通和协作。通过减少不必要的会议和烦琐的沟通环节，他成功地提高了整个团队的工作效率。

　　在奥卡姆剃刀定律的指导下，王鹏不断优化工作时间管理，强调简化和聚焦。他的努力不仅确保了重要任务和项目的及时完成，还显著提升了整个产品团队的工作效能。

11 GTD 方法论

什么是 GTD 方法论？

GTD，英文全称为"Getting Things Done"，其核心理念即"完成任务"。

这一概念由戴维·艾伦在其著作 *Getting Things Done: The Art of Stress-Free Productivity*（中文译名：《完成任务：搞定无压工作的艺术》）中首次提出。

方法论致力于指导人们如何高效地组织和规划自己的日常任务，从而提升工作和学习效率，有效降低压力，使生活更加有序和高效。

GTD 方法论的核心思想

很多时候，人们感受到的工作和学习压力，其实并非直接来自任务本身，而是源于大脑内部的混乱与堆积。这种内在的无序状态往往会引发心理上的抵触和焦虑情绪。

为了解决这个问题，我们可以尝试将脑海中的所有任务和想法一一记录下来，并运用各种时间管理技巧，将它们转化为具体可行的行动计划。通过这样做，我们能够避免因不断思考、担忧或努力记忆而产生的信息遗漏和额外的精神压力。这种方法有助于我们更加高效地管理自己的思维和任务，从而提升工作和学习效率，减轻心理压力。

GTD 方法论的五个核心步骤

第一步：收集

首要步骤是详尽地记录脑海中的所有任务、构思和项目，确保无一遗漏，从而建立一个清晰的任务库存。

第二步：处理

接下来，对已记录的任务进行细致分析，为每个任务确定后续行动方案，并评估现有日程是否需要相应调整。

第三步：组织

之后，将这些任务妥善地安排到适当的位置，可能是待办事项列表、项目概览或是日程表中，以便于查阅和管理。

第四步：回顾

定期检视已完成和未完成的任务清单至关重要，这样可以持续追踪任务进度，并确保所有信息都是最新的状态。

第五步：行动

最后，根据每日的行动指南，高效执行接下来的任务，确保每一步都稳健而有力。

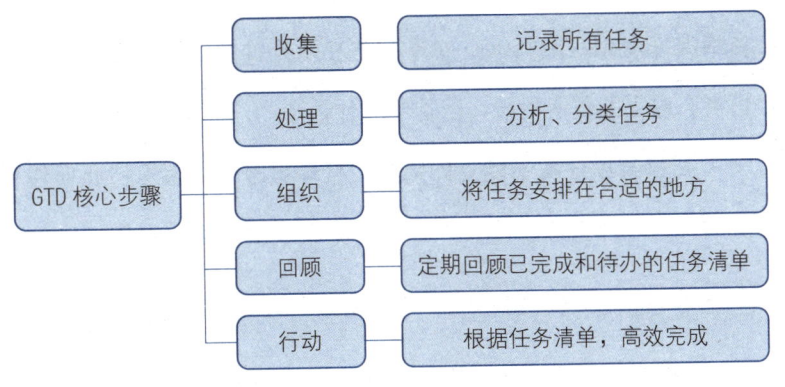

GTD 方法论的核心目标

该方法论的核心目标是追求"心无杂念"的境界,从而让我们能够集中全部注意力,减轻压力,并显著提升生产力和创造力。通过高效地进行收集、处理、组织、回顾及行动,我们能够更加出色地管理时间和任务,进而更顺利地实现既定目标。

使用 GTD 方法论的具体步骤

第一步:收集。将所有任务、构思和待办事项统一汇集到一个集中的地方,如收件箱或待办清单中。这涵盖了纸质的备忘录、电子邮件、随手写的便签等各类信息载体。

第二步:处理。逐一审视已收集的事项,并根据每项的具体情况采取相应的行动:对于那些在两分钟内能够迅速完成的任务,应立即着手执行,以提高工作效率。

如果某项任务不能立即完成,且你是唯一能够承担此项任务的人选,那么应将其加入你的待办事项列表中,以便后续跟进处理。

若某项任务不由你亲自完成，但需对其进度保持关注，请将其添加到专门的追踪列表中，以便随时掌握最新动态。

对于那些并不紧迫但需要未来处理的任务，请将其合理地安排到相应的项目清单或日程表里。若任务没有明确的完成时限，可标记为"待定"，以便日后酌情处理。

遇到那些并不重要的任务时，你可以选择性地删除或忽略，以避免不必要的精力分散。

第三步：组织。我们需要对任务进行系统的组织与规划。根据任务性质，将其分门别类归入不同的项目或业务场景中，并有序地整理至对应的文件夹、标签、项目清单或日程表中。这一步的关键是确保每项任务都被置于明确的上下文之中，便于管理与查找。

第四步：回顾。接下来，每周都应安排一次对待办事项清单和项目列表的全面回顾。通过检视已完成的任务，更新各项进展，及时删除或推迟那些不再重要或紧急的任务。这一过程的目的是确保清单和列表的内容始终与你的个人目标和价值观保持高度一致。

第五步：执行。根据待办事项清单和项目列表中的优先级与上下文，有条不紊地执行任务。通过清晰地规划和高效地执行，你将能更好地管理时间，提升工作效率。

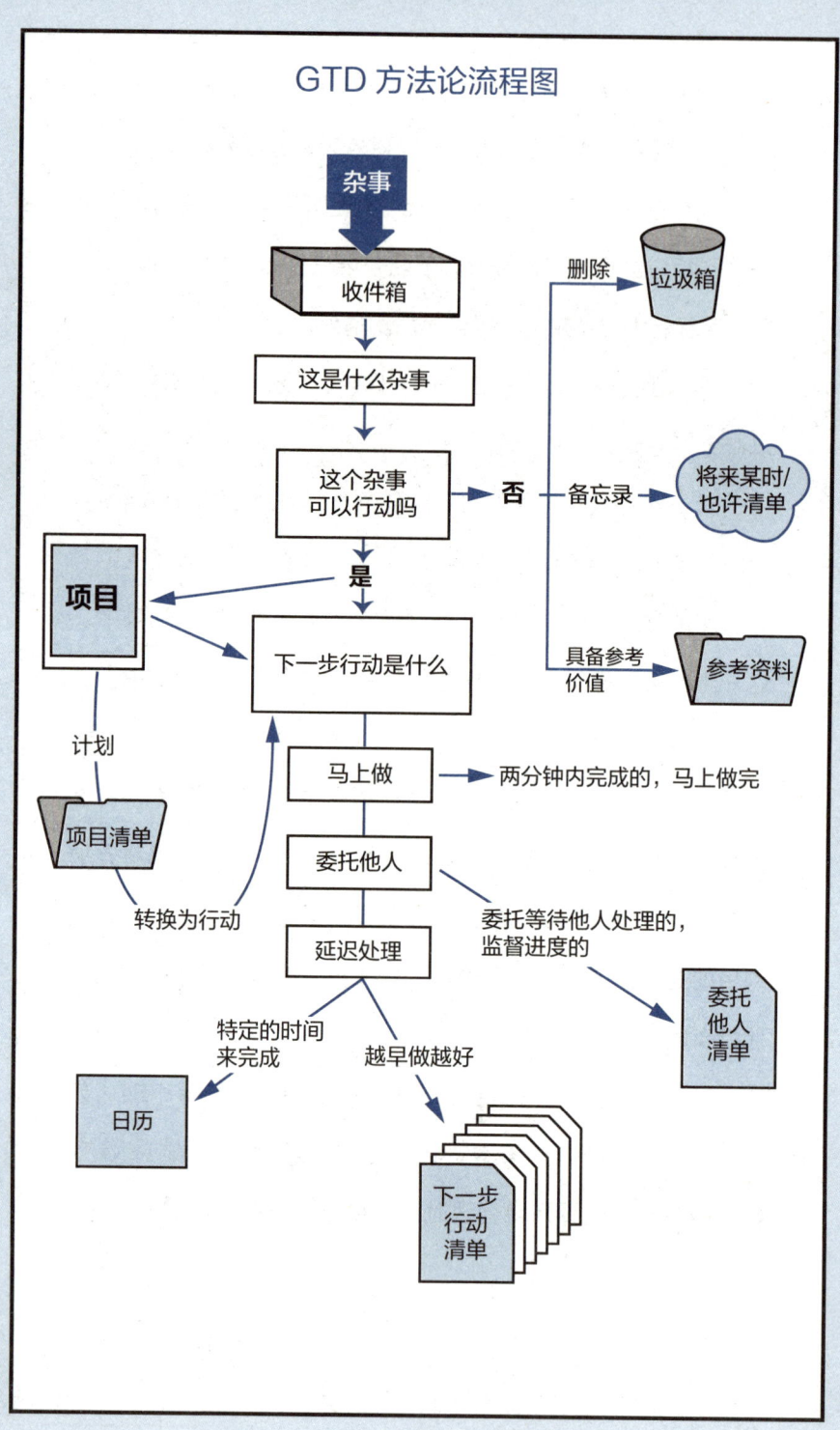

使用 GTD 方法论的注意事项

• 养成收集整理的习惯

记忆无法永久存储所有待办事项,因此我们需要系统地整理和记录这些事务。对于未完成且重要的事务,我们应详细记录,并利用电子记事本、纸质记事本或邮箱等工具进行妥善保存。

• 定期回顾至关重要

我们应在问题出现之前就做出明智的决策并迅速采取行动,避免事后的仓促应对。为确保任务管理系统的实时性和完善性,我们应定期回顾并更新,将项目的提醒和后续行动按照适当的类别进行整理。这样,无论何时需要处理任务,你都可以信赖你的任务管理系统。

如果你无法坚持每天至少进行一次工作回顾，或者根本抽不出时间来进行反思与检查，那么你精心制作的行动列表就会失去存在的意义。你需要根据自己的时间、精力和资源状况，判断出哪些任务对你而言最为关键，并优先处理它们。

如果你总是倾向于拖延，没有及时回顾与自查，那么你可能会发现自己总是选择处理简单易行的事务，而回避那些更具挑战性的任务。因此，定期进行回顾检查是至关重要的。

- **收集、整理、组织、回购后必须要行动**

任何事务都应有明确的后续行动计划。

如果你将所有时间都投入工作规划之中，迟迟不去实际执行，那么任何高效的 GTD 系统都只会停留在理论层面，无法为你带来实际价值。因此，学会如何有效地管理自己的行动至关重要。

你开始执行任务时，应清空脑海中的杂念，保持专注。为了让自己更加集中精力，你可以尝试调整思维方式，将必须完成的任务转化为简单而有趣的挑战，这样可以在很大程度上减少拖延，避免被繁重的任务压垮。

不论是何种任务或项目，我们都应细化为具体行动步骤，这样，我们才能时刻明晰目标，使计划更为具体明确。只有在实施具体行动时，我们才能确信做出的选择是正确的，从而提升对行动选择的自信心。

- 培养结果导向的思维

我们要学会在内心构建积极且明确的结果预期,以此来指导实践。模糊或消极的预期只会为行动增添不必要的障碍。

GTD 方法论的注意事项

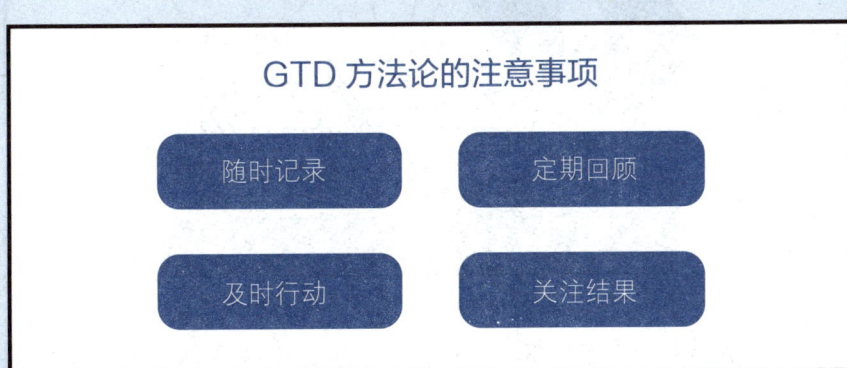

GTD 方法论实战案例

周玉是一位财务专员,她的日常工作事项非常琐碎。为了提升自己的工作效率,她采用了 GTD 方法论进行时间管理。

- 收集

周玉每天早晨会专门抽出 10 分钟,用于规划当天的任务清单。

　　她会将财务工作事项细分为不同的类别,如账务处理、报表生成及预算编制等,并根据任务的紧急性和重要性来设定优先级。

　　接下来,周玉会进一步将每个任务拆解成更加具体、细致的操作步骤。例如,在账务处理中,她会明确列出审核发票、记录支出和对账等详细步骤。

　　这样的细分使周玉能够更精确地估算每个任务所需的时间和精力投入。

　　然后,她会将这些任务和具体步骤一一记录在电子待办清单应用中,这样便于随时更新和追踪任务的进展情况。

　　对于每项任务,周玉都会设定明确的截止日期和提醒时间,从而确保所有任务都能在合理的时间框架内高效且及时地完成。

· 处理

一次性处理每个任务。周玉面对每个新任务时,会迅速评估在当前环境下该任务的执行性。若条件适宜,她会选择即刻完成任务,或是将任务委派给合适的人选。若条件不成熟,她会将任务归入以下三类。

下一步行动:她会明确接下来的具体操作,并做详细记录。

延迟:若任务不适宜立即执行,周玉会为其设定一个特定时间,以便不影响目前的工作节奏。

挂起:有些任务可能因等待外部条件成熟或他人反馈而无法立即进行,周玉会选择将其暂时搁置,以节省精力。

丢弃:针对那些不重要或可取消的任务,周玉会果断舍弃。

· 组织

为了方便后续查找,周玉会将各项任务和事件分门别类,归入相应的文件夹或打上相关标签。她依据项目类型、紧急程度和截止时间等因素进行分类管理,确保工作井然有序。

· 回顾

周玉每天都会留出时间进行工作回顾,检视自己的待办清单和即将完成的任务。她会标记已完成的工作,对需要延期或重新规划的任务进行调整,并做好详细记录。

- 执行

　　周玉按照自己的计划，根据任务的优先级和截止日期有条不紊地推进工作。她善用提醒工具，确保不会遗漏任何重要任务，同时，她会为复杂任务划出专门的时间段，以便全神贯注地完成任务。

周玉的任务清单		
2023年12月1日		
类别	行动项	状态
账务处理	审核发票	已完成
	记录支出	已完成
	对账	已移交给同事A
报表生成	分类统计	已完成
	账务核对	已完成
	凭证记录	延迟
	计算和总结	延迟
	审计和复核	已移交给同事A
预算编制	设定目标和指标	已完成
	预算制定	延迟
	协调和整合	挂起

　　通过使用GTD方法论，周玉有效地管理了工作时间并提高了工作效率。

她对工作任务的优先级和细节了如指掌，并能根据实际需求做出灵活调整。这种系统化的时间管理方式，让她能够游刃有余地处理繁杂的财务工作，确保每项任务都能如期完成。

更重要的是，通过采用 GTD 方法论，周玉发现，那些琐碎的工作事项所带来的压力和混乱感已大幅减轻。

常用的待办事项管理工具

• 适用于团队的待办事项工具

（1）PingCode——IT 团队的理想待办事项管理工具

PingCode，这款在 2021 年国内研发管理工具评选中脱颖而出的佼佼者，自有其独特魅力。它通过直观的看板列表，让任务进度与流程一目了然，帮助团队精准识别潜在风险。使用此工具不仅让团队任务管理得心应手，其内置的应用市场还提供待办事项插件，极大地方便了个人任务的有序管理。此外，PingCode 还涵盖目标进度、项目管理、缺陷跟踪及测试管理等研发流程的各个环节，为团队提供了一站式管理体验。

（2）Worktile：通用型任务管理工具

Worktile 已成为众多团队的首选待办事项管理工具。它提供的甘特图功能让事项规划更为直观，同时结合看板式任务管理，实现了任务流程的可视化和精细控制。通过设定任务负责人和具体的时间节点，进一步确保了管理的精准性。Worktile 作为一个综合性工具，能够一站式满足企业的多样化需求，既为企业节省了成本，又避免了使用免费工具可能带来的风险。

（3）Asana：知名的专业团队任务管理工具

Asana不仅支持创建任务清单，更提供了任务汇总、任务分配、团队协作和资料管理等一系列强大功能。它能让团队成员轻松定位自己的工作职责，并实时追踪进度。此外，Asana的搜索、过滤和排程功能在项目管理中表现出色，尤其当任务繁重时，能显著提升团队的工作效率。

- 适用于个人的待办事项工具

（1）Todoist：简洁而有力的待办清单

Todoist的外观以简洁有力的路线为主，其清单的呈现非常清爽。使用这款工具的感觉就像是将你的任务呈现在一张白纸上，相信会有很多人喜欢这种风格。

Todoist虽然外观很简洁，但功能很丰富。

首先，这个工具在时间管理技巧方面更加灵活。采用了多层级的任务分层系统，就像大纲一样。在一个清单中，你可以很方便地对母子项目和母子任务进行各种分层管理，并且很容易折叠和展开。

其次，Todoist的信息过滤系统十分强大，它可以帮助我们聚焦于某一种类型的任务上，避免分散注意力。当然，它也具备协同合作和跨平台云端同步等基本功能。在这些基础上，

Todoist 还提供了实用的收集插件，可以快速将网页和邮件等内容收集到待办任务清单中。

另外，Todoist 还有独创的 Karma 系统，将时间管理包装成游戏，帮助你在完成待办清单的同时不断升级，体验游戏般的乐趣。

（2）滴答清单（TickTick）：国内非常受个人青睐的待办清单工具

滴答清单的优势在于简洁高效，很适合在手机上使用（也可在各种平台上应用），同时它也拥有标签管理等具有弹性特性的功能。

它可以便捷添加、管理任务，并有提醒功能，能帮助我们高效规划时间。

（3）OmniFocus：最专业的时间管理工具

和上述几种待办事项工具相比较，OmniFocus 更加充分地吸纳了 GTD 方法论的精髓，并且满足了时间管理过程中的多样化需求。

例如：如何更快地收集任务，如何分类工作情境，如何将注意力集中于重要工作事项，如何跟踪工作的进展，以及如何明确区分主要事项与干扰事项等。OmniFocus 的设计者对时间管理过程中可能会遇到的问题，进行过深思熟虑，为用户提供了适配的功能，并基于这套系统建立了一套专业和高效的工作流程。

 PDCA 循环法

什么是 PDCA 循环法？

　　PDCA 循环法是时间管理学中常用的一种方法，即"计划（Plan）— 执行（Do）— 检查（Check）— 调整（Action）"的四个步骤循环。

　　通过持续不断地运行这一循环，人们可以逐步优化自己的时间管理策略，确保在达成目标的过程中始终保持高效率和收获成果。PDCA 循环法不仅有助于培养个人养成反思、及时改进的习惯，还能帮助人们逐步提升时间管理的专业能力。

使用 PDCA 循环法的好处

· 明确目标

PDCA 循环法在计划阶段就着重于设定具体、量化的目标，这使得时间管理更加精确和有针对性。清晰的目标不仅指明了努力的方向，还为时间管理提供了准确的焦点。

· 分析问题

在 PDCA 的执行阶段，循环法鼓励使用者对成果进行细致的审视和评估。这种机制能帮助我们发现并深入分析时间管理中的短板和难点，进而采取有效的应对策略进行优化。

· 持续改进

PDCA 循环法的精髓在于不断地反馈和调整，推动时间管理效率持续提升。个人能够基于评估结果，对时间管理策略进行实时调整，从而实现自我管理和技能的进阶。

· 团队合作

PDCA 循环法不仅是个人的时间管理工具，更能在团队中发挥协同作用。通过分享个人计划和目标，团队成员能够相互启发、共同进步，从而提升整个团队的时间管理效能。

PDCA 循环法的好处

- 明确目标
- 分析评估
- 调整改进
- 团队协作

使用 PDCA 循环法的具体步骤

第一步：计划（Plan）

确立明晰的时间管理目标，旨在提升工作效率、减少时间浪费等。

对当前的时间管理状况进行深入分析和评估，找出存在的问题和需要改进的环节。

精心制定详尽的行动方案，方案涵盖任务与目标清单的设定、时间表与优先级的规划等。

第二步：执行（Do）

依照既定的计划，着手实施各项任务与目标。

严格遵循时间表，但要确保工作与休息的均衡。

在执行过程中，务必保持高度专注，以维持高效的工作状态。

第三步：检查（Check）

周期性地对时间管理的成效与进度进行审视与核查。

通过对比计划和实际执行状况，检验是否已达到预设目标。

深入挖掘并分析在执行过程中遇到的难题和挑战。

第四步：调整（Action）

依据检查结果，采取相应的措施来优化和调整时间管理策略。

根据需要重新规划任务与目标，对时间表和优先级进行必要的调整。

提出应对策略，并迅速开始实施调整后的计划。

PDCA 循环法流程图

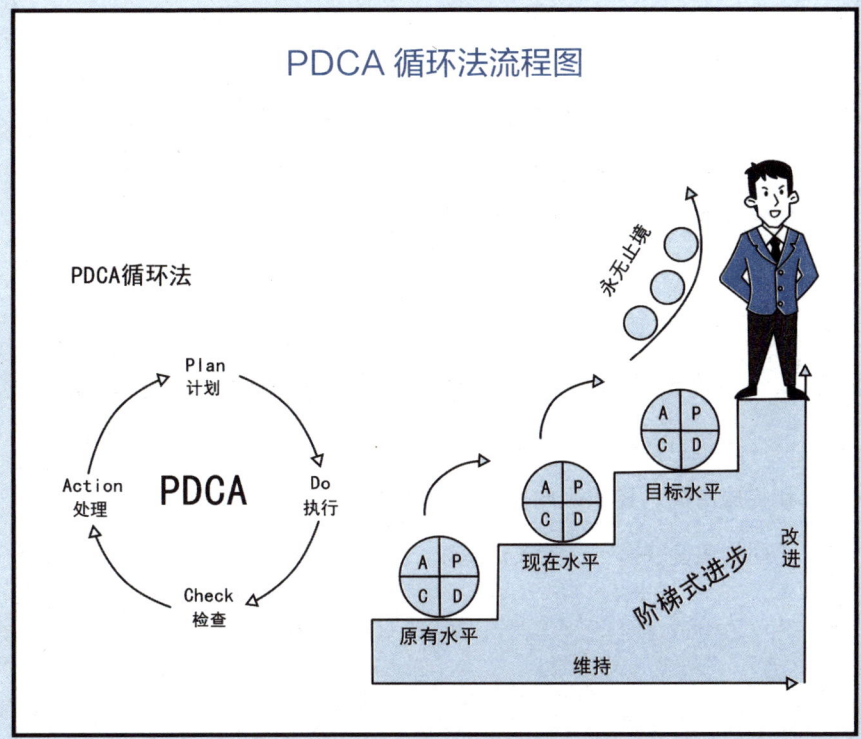

PDCA 循环法实战案例

吴丹作为一名自由插画师，深知时间管理对提升工作效率的重要性。为了更有效地管理自己的时间，她决定尝试采用 PDCA 循环法。

• 计划（Plan）

吴丹首先为自己设定了明确的目标：每天完成一幅插画作品。为了实现这一目标，她精心规划了详细的步骤，包括搜寻素材、绘制草稿、上色以及细节处理等。此外，她还根据任务的重要性和紧急性进行了优先级排序，以确保工作流程的合理性。

• 执行（Do）

在执行阶段，吴丹依据计划投身于插画创作中。为了保持专注，她特意为创作安排了固定的时间段，如每天上午的两个小时，以此避免其他事务的干扰。在这段时间里，她全神贯注地完成任务，不让任何琐事分散她的注意力。

• 检查（Check）

完成创作后，吴丹会仔细审视自己的工作成果和执行过程，以评估是否达到了预期效果。她不仅自我评估插画作品的质量和完成时间，还积极向其他专业人士和同行寻求反馈，希望从不同的角度获得宝贵的改进建议。

- 调整（Action）

基于检查阶段的评估反馈，吴丹会针对存在的问题进行相应调整。举例而言，若在特定任务上耗时过长，她会积极探寻提高效率的途径，诸如学习新的工具或技巧等。同时，她还会对计划中不合理的部分进行修正，并勇于尝试全新的时间管理策略。

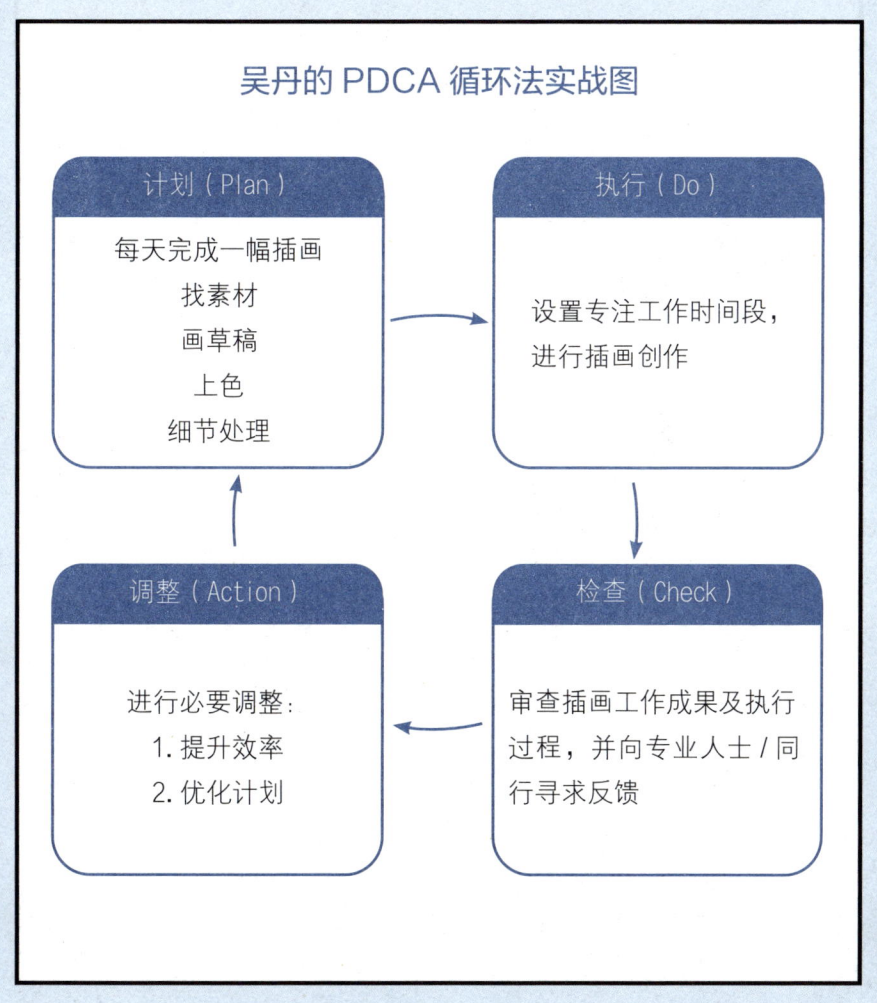

通过不断地践行 PDCA 循环法，吴丹能够根据实际情况灵活调整计划，及时改进执行方法。

在循环的每个阶段，她都精心规划、高效执行、严谨检查，并根据反馈进行有针对性的调整。这种持续优化的过程，使吴丹的时间利用更加高效，个人的工作效率也逐步提高。

随着时间的推移，她不仅完成了更多高质量的插画作品，还逐渐摸索出了一套适合自己的高效工作模式。

13 柳比歇夫时间管理法

什么是柳比歇夫时间管理法？

《奇特的一生》这本书详细记载了苏联昆虫学家柳比歇夫的生平。令人钦佩的是，柳比歇夫在长达 56 年的时间里，始终如一地对自己的时间进行精细的定量管理。

自 26 岁起，柳比歇夫便开启了他那独一无二的"时间统计法"。他坚持每天记录自己的时间消耗，并定期进行统计分析。这种记录方式看似简单，如同记流水账一般，仅涉及所做的事情及其所花费的时间。但值得注意的是，他并非事无巨细地全都记录，而是选择性地记下那些具有价值的事务及其耗时。

"柳比歇夫时间管理法"便是在此基础上衍生而来的。

这一时间管理方法的核心理念可以归结为以下几点：记录时间、分析时间、消除不必要的时间浪费以及重新规划时间。借助这一方法，我们能够更有效地对个人时间进行定量管理，提升对时间利用情况的认知，进而培养出更为高效的时间使用习惯。

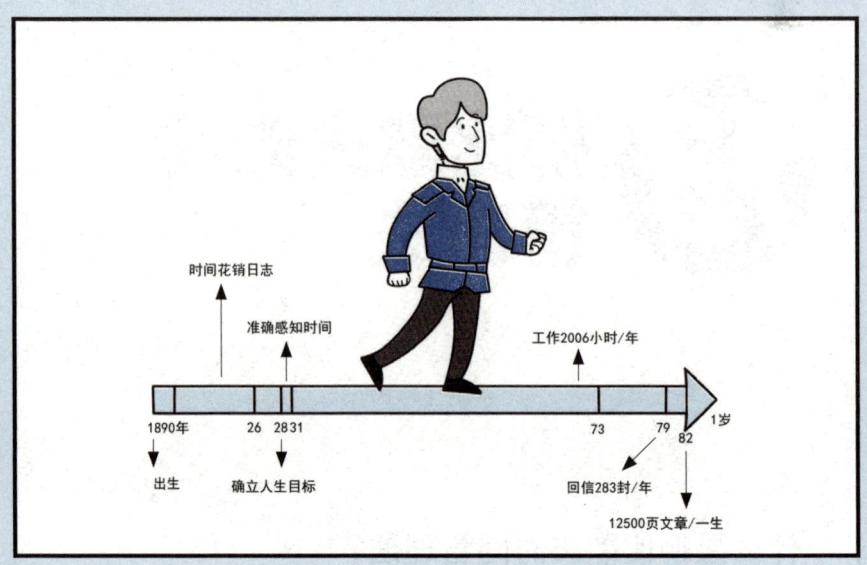

使用柳比歇夫时间管理法的具体步骤

第一步：记录时间

为了了解自己的时间使用状况，你需要在特定时间段内详尽记录你的日常活动。你可以采用纸质笔记或电子工具，全面记载每日的作息，如起床、用餐、工作、学习及休息等各个环节。

第二步：分析时间

你可以探究每日时间的分配比例、事务的优先处理次序及你的工作效率。此外，也要找出那些被浪费的时间及可以改进的环节。

第三步：消除时间浪费

你识别出时间浪费的原因后，应采取行动来减少或消除这些不必要的消耗。例如，你可以尝试缩减在社交媒体上的时间、优化你的工作步骤，或者避免参加那些没有实际意义的会议。

第四步：重新安排时间

接下来，根据自己的实际情况和目标，对时间进行重新规划和分配。确定各项任务的优先级，并为每项重要工作预留足够的时间和精力。

第五步：养成习惯

为了让这一切变得更加自然和持久，你需要持续地记录、分析和重新规划你的时间。随着时间的推移，你会逐渐建立起一套完善的时间管理体系。通过不断地反馈和调整，你的时间利用效率将得到显著提升。

值得注意的是，柳比歇夫时间管理法并非一次性的解决方案，而是一个需要不断进化和调整的过程。只有在实际应用中不断反思和实践，你才能真正培养出高效利用时间的习惯和技巧。

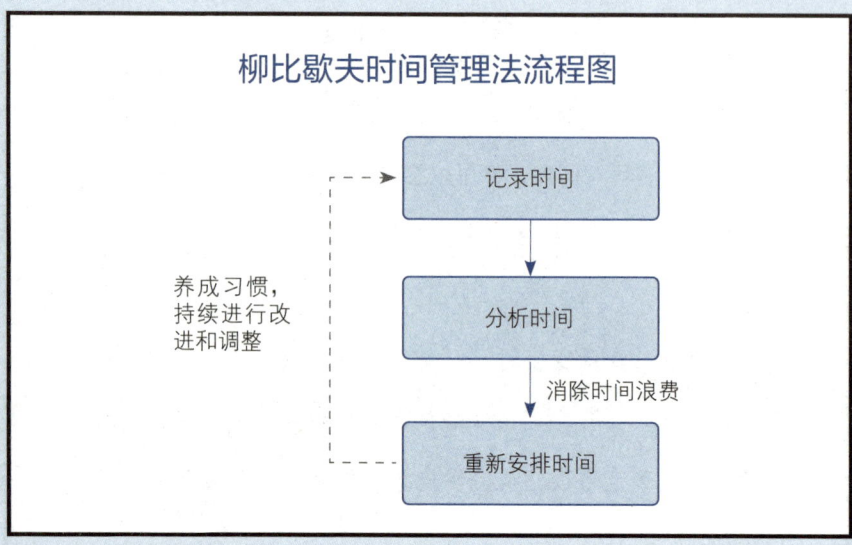

柳比歇夫时间管理法实战案例

冯阳身为一家科技公司的资深程序员，肩负着软件开发的重任。然而，他在工作中常感时间紧迫，难以高效地管理时间，进而影响了工作效率。为了改变这一现状，冯阳决定使用柳比歇夫时间管理法来寻求突破。

- 记录

为了更精确地追踪时间使用情况，冯阳开始采用耗时记录卡。他将工作日细致地切分为不同的时间块，每当一个时间块结束，他都会认真记录该时段所专注的工作内容，如代码编写、会议参与或问题解决等。

• 统计

每当一天的工作落下帷幕，冯阳便着手对自己的时间使用数据进行详细的分类统计。他精心计算在不同任务上所花费的时间比例，并将这些数据以图表形式生动展现，从而能够更为直观地审视和调整自己的时间分配。

• 分析

冯阳结合自己的工作成果与时间使用记录，进行深入分析比对。在这一过程中，他敏锐地发现了时间浪费的原因，如某些问题处理上耗时过长、参与了一些对项目贡献不大的会议等。他不仅一一识别出这些时间消耗的痛点，还认真地做了记录，为接下来的优化时间管理奠定了基础。

• 反馈

基于分析结果，冯阳精心制订了一项旨在消除时间浪费因素的计划。他决心在寻求问题解决方案时采取更高效的策略，力求直击要害，减少不必要的迂回。同时，他计划少参与那些无关紧要的会议，以确保将宝贵的时间聚焦于核心工作任务。这些调整让他在每个时间区段内都能更高效地工作。

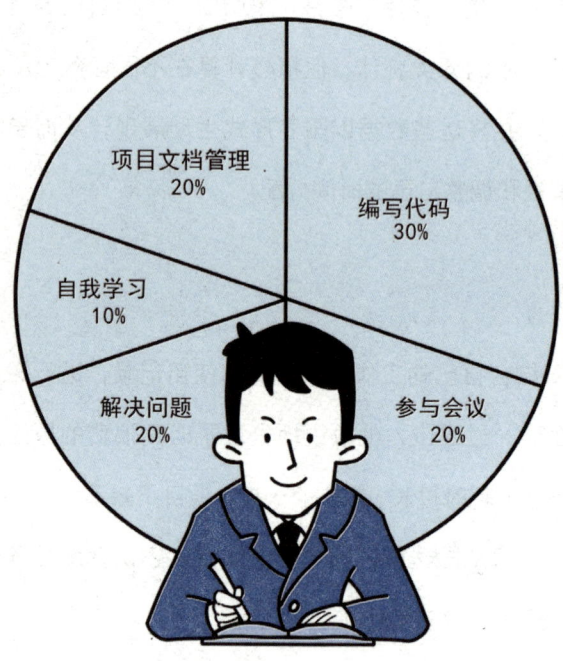

得益于柳比歇夫时间管理法的运用，冯阳不仅对自己的时间使用进行了精准分析，还据此制定了切实可行的改进方案。随着时间的推移，他的时间管理能力和工作效率都得到显著提升，从而为他的职业生涯开辟了更广阔的发展空间。

成功人士的时间管理法

第二部分

1 彼得·德鲁克：时间管理法
2 哈林顿·埃默森：效率十二项原则
3 戴尔·卡耐基：80/20 法则
4 史蒂夫·乔布斯：缩减工作事项
5 比尔·盖茨：与时间赛跑
6 埃隆·马斯克：多任务处理的艺术
7 马克·扎克伯格：简洁主义原则
8 沃伦·巴菲特："两个清单"策略
9 稻盛和夫：六项精进
10 孙正义：用经济学思维看待时间

 彼得·德鲁克：时间管理法

关于彼得·德鲁克

彼得·德鲁克（Peter Drucker）被誉为20世纪最具影响力的管理理论家之一，甚至被普遍看作现代管理学的奠基人。

德鲁克在经济学、企业管理、组织发展及社会政策等多个领域，都做出了杰出的贡献。他的理论并非纸上谈兵，而是特别强调实践性和应用性，这也是他的理论受到广泛推崇的重要原因。

他的管理思想与独到观点已经深深融入世界各地的管理实践和决策过程中，为现代管理学的发展奠定了坚实的基础。

彼得·德鲁克的时间管理智慧

彼得·德鲁克曾深刻指出："管理的核心，归根结底是自我管理；而自我管理的关键，则在于时间管理。"这位管理大师的洞见，为我们揭示了时间管理在个人和组织效能中的核心地位。

德鲁克不仅提出了众多具有划时代意义的管理理论和方法，更在时间管理领域有着独到的见解和实践。

他所倡导的时间管理方法，精练而实用，主要包括以下几个要点。

· 明确优先级

德鲁克主张重要性优先的原则。他提醒我们，要清醒辨别哪些任务是真正重要的，而不仅仅是看似紧急的。为了帮助我们做出这种区分，他独创了"技术要求分析"方法，旨在辅助我们精准地识别出至关重要的任务。

· 设定清晰目标

德鲁克坚信，每个人都应为自己的职业和生活设定清晰的目标，并据此制订出切实可行的行动计划。他强调，唯有明确的目标，才能为我们如何分配和利用时间提供明确的指引。

· 保持集中注意力

德鲁克提倡在工作中保持高度的专注。他建议我们将工作时间划分为较长且连续的时间块，并在此期间专心致志地完成单一任务，避免分散注意力和频繁的中断。这种工作模式，被他视为提高工作效率的关键。

• 管理信息

德鲁克积极倡导对信息进行有效管理，旨在实现信息的迅速获取并规避信息过载的困境。他着重指出了信息的筛选与分类的重要性，同时强调了个体需培养并精进获取与处理信息的技能。

• 反思和调整

德鲁克敦促人们应定期回顾并思考自己的时间管理策略，依据实际状况进行灵活调整与优化。他坚持认为，时间管理是一个不断学习与适应的过程。

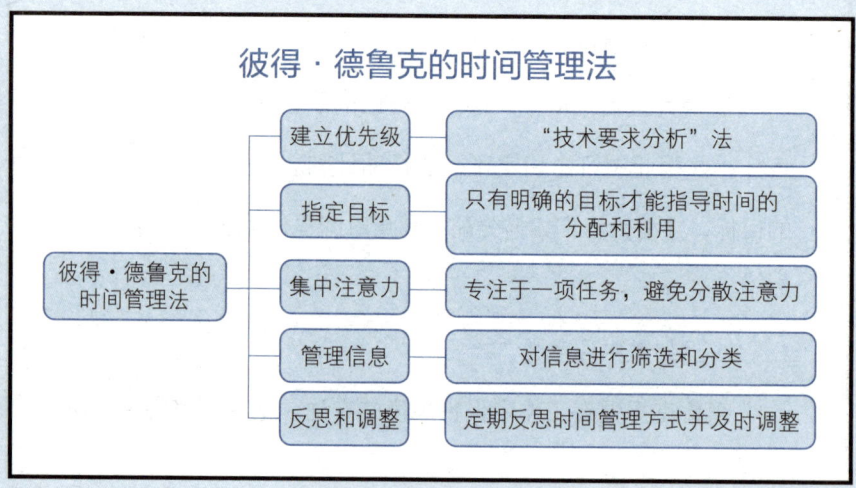

使用彼得·德鲁克的方法进行时间管理的实战案例

一家大型制造型企业在严峻的市场竞争压力下陷入了困境，其高层管理团队对市场的迅速变化和竞争对手的凌厉攻势感到力不从心。为了重新找回市场竞争力，他们寻求了企业管理咨询公司的资深导师杜明的帮助，期望他能指导企业找到恢复活力的管理策略。

杜明，作为一位深受现代管理学之父彼得·德鲁克思想影响的咨询顾问，在日常工作中深刻理解并运用了德鲁克的管理理念。对公司进行深入调研和分析后，他发现管理层的大部分时间都消耗在日常琐碎的事务上，这导致战略规划和核心业务的发展被忽视。

为了帮助管理层重新规划时间并优化工作流程，杜明基于德鲁克理念，提出了以下时间管理方法。

· 明确目标

杜明倡导管理层要明确公司的长远目标和战略规划，并将这些目标与个人的短期目标相结合。这样做可以确保公司的时间和资源能够优先投入实现战略目标的关键领域。

· 优先排序

他建议管理层根据工作的重要性和紧迫性对任务进行排序，明确哪些是需要优先处理的事项。通过合理分配时间和资源，管理层能够更有效地掌控工作流程，从而提高工作效率，引领企业走出困境，实现可持续发展。

• 委派职责

杜明着重指出，应当将责任和权利适当下放给有能力的员工。他建议公司领导层将那些日常的、非核心的事务委托给下属去完成，同时保持必要的监督并提供及时的反馈，以确保所有委派的任务都能如期完成。

明确目标	优先排序	委派职责
明确公司和个人目标	明确工作任务优先级	权力下放及监督

在采纳了杜明建议的时间管理策略后，该公司的管理层对工作重心和流程进行了全面调整。他们开始将更多的时间和精力投入战略规划与核心业务的发展上，而将一些常规性的琐事交给值得信赖的员工去处理。这样的转变使得公司能够更专注于核心业务，同时也提升了公司在市场变化中的反应速度和决策灵活性。

经过一段时间的实践，该公司不仅重新获得了市场竞争力，甚至在某种程度上超越了其他竞争对手。他们的销售额有了显著提升，市场份额也随之扩大，同时还实现了利润的增长。这一切的成功，关键在于他们学会了如何更有效地管理时间和资源，将主要的精力集中在最关键的任务上，同时也充分地发挥了员工的潜能。

这个案例生动地展示了如何通过彼得·德鲁克的时间管理方法助力企业走向成功。通过合理地安排时间和优化工作流程，企业能够将注意力更多地放在战略规划和核心业务上，从而实现业务的持续增长和市场竞争力的不断提升。

2 哈林顿·埃默森：效率十二项原则

关于哈林顿·埃默森

哈林顿·埃默森（Harrington Emerson）出生于美国新泽西的特伦顿，他的求学跨越了多个国家，包括英国、德国、法国、意大利和希腊。这样的多元文化背景为他的管理思想注入了丰富的国际能量。作为美国咨询业的先驱之一，埃默森在管理领域留下了深刻的印记，特别是他提出的"效率十二项原则"，更是被广泛引用和实践。

在管理发展史上，埃默森的地位举足轻重。一位管理发展史学家曾这样评价他："埃默森不仅记录了一套具有指导意义的管理原则，更重要的是，他的这些原则全面而深刻，展现了他对管理之道的普遍适用性的深刻理解。"这样的评价，无疑是对埃默森在管理思想领域卓越贡献的肯定。

哈林顿·埃默森的效率十二项原则

1912年,哈林顿·埃默森推出了他的著作《效率的十二项原则》。书中详细阐述了提升效率的十二项核心原则。埃默森在该书的前言中明确地阐述了他的基本观点:"真正创造现代财富,以及正在持续创造财富的,并非单一的劳动力、资本或土地,而是思想。正因此,我们需要新的思想——人类天然的思想库越能被充分发掘和利用,单位生产所需的劳动力、资本和土地就越少。"

从这段话中我们可以清晰地看到,思想是推动浪费减少和效率提升的关键力量,而效率原则正是实现这一目标的重要工具。效率的提升与时间的管理紧密相连且相辅相成。因此,在讨论时间管理理论时,效率管理不可忽视。

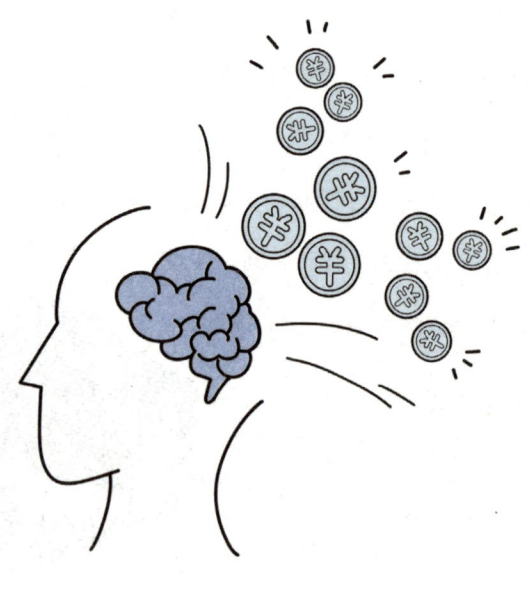

埃默森效率十二项原则概述

埃默森的效率十二项原则中，前五项原则聚焦于人员管理，后七项则侧重于管理方法与制度的优化。具体内容如下。

第一项：目标的明确性至关重要。埃默森强调，如果组织成员对共同追求的目标模糊不清，就可能导致内部冲突和方向迷失。

第二项：管理者应具备开阔的视野，积极寻求专业知识和建议，以做出明智的决策。

第三项：管理者应广泛商讨，并向有能力的人士（如参谋和顾问）请教，通过集体智慧来做出有效的决策。

第四项：纪律是其他原则得以实现的基石，它能使组织保持有序和高效。

第五项：管理者在处理事务时应秉持公正原则，同时展现出同情心、思考力和公正廉明的品质。

第六项至第十二项则更加关注管理的方法和制度。

第六项：团队必须建立可靠、及时、准确且持久的记录系统。

第七项：强调统一调度的重要性，确保各部门的工作符合整体战略，并努力以最短时间完成任务。

第八项：应明确工作时间、工作方法、工作日程和工作秩序，以确保工作流程的顺畅。

第九项：为了降低人力和财务成本，需要对工作环境进行标准化改造。

第十项：倡导标准化作业，通过统一的操作流程来提高整体工作效率。

第十一项：作业的目标和细节应以书面形式明确阐述，以确保所有相关人员对任务有清晰、统一的理解。

第十二项：为了提高团队效率，对于在工作中有显著效率提升和时间节约行为的员工，应给予适当奖励和认可。

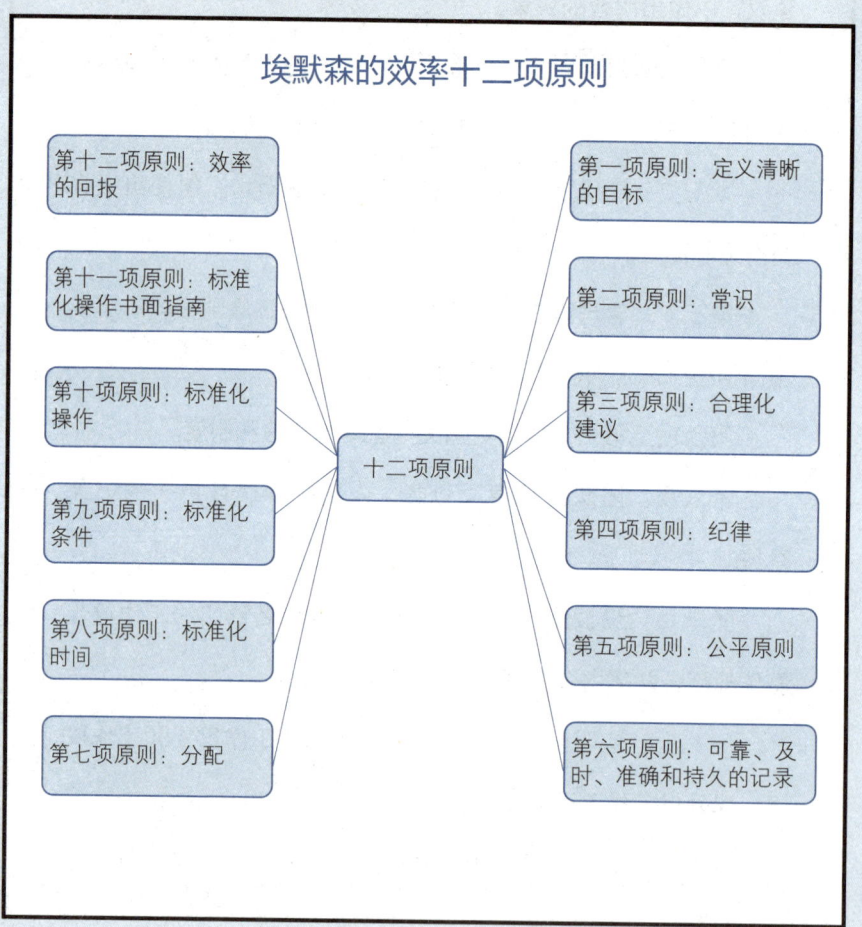

效率十二项原则实战案例

下面分享的是一个企业案例,关于一家汽车制造公司如何通过应用埃默森的效率十二项原则,成功提升了生产效率。

这家汽车制造公司曾长期受困于生产效率的低下,这不仅延长了交货周期,还导致客户满意度的持续下滑。为了解决这一迫切问题,公司决定采纳并实践埃默森的效率十二项原则。

在实施的第一步,公司着重落实了"明确的目标"这一原则。他们清晰地设定了生产线上的具体生产目标,即在规定的时间段内必须完成一定数量的汽车生产。这一举措为全体员工提供了清晰的工作方向和奋斗目标,从而有效地推动了生产效率的提升。

- 汲取专家智慧

为了获取专业的建议与支持，在决策及实施过程中更加稳健，公司领导精心挑选了一批经验丰富的专业人士作为参谋和顾问。

- 严明纪律，高效协同

公司建立了一套严谨的生产调度系统，为每个工作环节和每位员工都明确了任务目标，从而有效提升了团队协作的效率与工作完成的质量。

- 标准化作业，高效利用资源

为了实现资源的高效利用和时间的最大化节约，公司对工作环境和作业流程进行了全面的标准化改革。员工需遵循既定的工作时间、方法和程序进行操作，这不仅显著提升了工作效率，也确保了工作质量。

• 建立奖励机制

该公司不仅建立了严明的管理制度以确保员工遵守各项规定，同时还特别设立了奖励机制，对高效实现工作目标的员工进行表彰和奖励。这一制度有效地激发了员工的工作积极性和动力，推动企业整体效率再上新台阶。

经过一段时间的实践与努力，该汽车制造公司在生产效率方面取得了显著提升。生产线的工作安排更加紧凑有序，产品质量得到了大幅提高，交货周期也大幅缩短。这些改进直接提升了客户满意度，进一步增强了公司在市场中的竞争力。

可以说，通过深入应用埃默森的效率十二项原则，该汽车制造公司不仅在效率上取得了突破，更在产品质量和客户满意度方面达到了新的高度。

3 戴尔·卡耐基：80/20 法则

关于戴尔·卡耐基

戴尔·卡耐基（Dale Carnegie）于 1888 年出生于美国密苏里州的玛里昂县，是 20 世纪著名的作家、演讲家和时间管理学专家。他因其对人际关系和个人发展的深入研究而享誉全球。

卡耐基的作品主要集中在人际沟通技巧、领导力提升以及积极心理学等领域，其中《人性的弱点》一书广受赞誉，成为他的代表作。

在传授知识与技巧方面，戴尔·卡耐基非常擅长运用实用的方法和生动的示例来教导人们如何进行有效的人际沟通与自我管理，其中自然涉及时间管理的精髓。

卡耐基对时间管理有着独到的见解，他曾这样说过："零星的时间，如果能敏捷地加以利用，可以成为完整的时间。"这句话也体现了他对时间利用的深刻理解和重视。

戴尔·卡耐基的 80/20 法则

在时间管理方面，戴尔·卡耐基在其著作《快乐的人生》中力荐了 80/20 法则，并对时间管理中的应用方式进行了详尽的阐述。

卡耐基推崇的 80/20 法则，即广为人知的帕累托原理，不仅适用于时间管理，还是经济学领域的一项重要原则。

这一原则表明 80% 的成果往往源自 20% 的原因。换言之，我们所能见到的大部分产出和影响，其实都是由少数几个输入或因素驱动的。

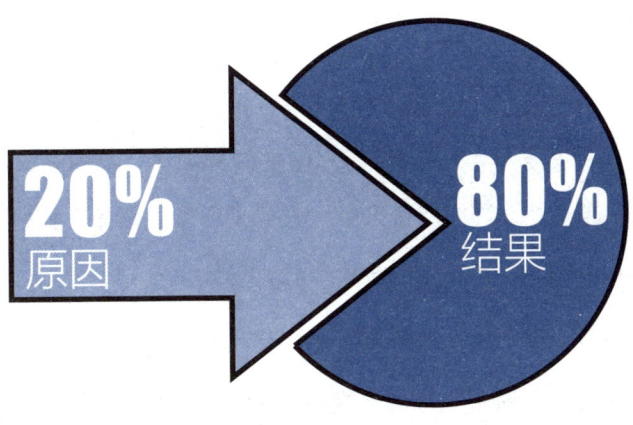

80/20 原则这一经典理论，在多个领域都展现出了实用价值，包括生产、销售、项目管理及时间管理等领域。当我们将焦点放在那些能够产生 80% 效果的关键因素上，即那关键的 20%，就能显著提升我们的工作效率和成果。

• 销售领域的实践

在销售行业中，80/20 原则揭示了一个重要现象：大约 80% 的销售额其实是由 20% 的客户贡献的。这意味着，企业应更有针对性地投入资源和精力，深化与这些核心客户的关系，从而在提高销售额的同时，也能进一步提升客户的满意度。

• 时间管理的智慧

80/20 原则指出 80% 的销售额来自 20% 的客户。因此，企业可以集中精力和资源来维护和发展关键客户，从而提高销售额和客户满意度。

• 在时间管理方面

在时间管理上，80/20 原则同样展现出了它的实力。通过辨识并优先处理那些能带来最大收益或产出的任务，我们可以有效地避免陷入琐碎、低价值的日常工作中。

值得一提的是，像前美国第一夫人米歇尔·奥巴马、苹果公司的创始人斯蒂夫·乔布斯以及 Facebook 的首席执行官马克·扎克伯格这样的杰出人物，都曾采纳卡耐基的时间管理建议，以此来优化自己的日程，更高效地组织和利用每一分每一秒。

优先级排序九步法

为了更有效地运用 80/20 法则进行时间管理，你可以遵循以下九个步骤来优化你的工作和生活。

第一步：明确你的身份与价值观

在设定目标之前，深入理解自己的身份认同和核心价值观是至关重要的。没有明确价值观的目标往往缺乏实质性和持久性。

第二步：设定具体目标

基于你的价值观，明确你想要实现的目标。这些目标应该既能引导你的短期（1 年内）行动，也能指引你的长期（5 年内）规划。

第三步：拆解目标为可执行的计划

将你的长期（5年）目标细化为每年的具体任务，再将年度目标分解为月度计划，最后将每月的计划落实到每天的行动步骤中。

第四步：为优先级排序预留固定时间

设定专门的时间段来进行任务的优先级排序，例如，每年留出 1 天，每月安排 3 小时，每周投入 1 小时，甚至每天划出 20 分钟。为了更高效，你可以设定一个固定的时间段，如每天的 8:00-8:20，来规划当天的工作。

第五步：全面列出待办事项

不要遗漏任何一项任务或一个想法，将它们全部列出，为后续的优先级排序做准备。

第六步：筛选核心事项

从繁杂的任务列表中，精心挑选出那些至关重要的 20% 优先事项。集中精力处理这些关键任务，你将能够获得 80% 的预期成果。

第七步：锁定最关键的优先任务

80/20 法则呈现出分形特质，意味着在每个 80/20 的框架内，都存在着另一个 80/20 的结构。你从 25 个优先事项中筛选出 5

个关键任务后，可以再次应用 80/20 法则，聚焦于那 1 个能带来 5 个关键任务中 80% 成果的最重要事项。

第八步：迎难而上，先攻难题

每天开始工作时，应将最重要且最具挑战性的任务放在首位。若该任务可分解，则应优先处理最困难的部分，以此确保高效解决问题。

第九步：设定明确的度量指标

我们的大脑倾向于量化的标准和明确的指标，这能够激发我们更多的潜能。因此，为每项任务设定清晰的度量指标是至关重要的。

综上所述，80/20 法则的核心在于引导我们关注并优先处理那些能够带来最大回报的关键事项。通过精准识别并集中精力于那最重要的 20% 因素，我们能够显著提升工作效率，优化管理效果，从而取得更卓越的绩效成果。

史蒂夫·乔布斯：缩减工作事项

史蒂夫·乔布斯（Steve Jobs）：技术与艺术的融合者

史蒂夫·乔布斯，这位美国的企业家和创新巨擘，是苹果公司的共同创始人之一，并在公司的多个发展阶段中担任了首席执行官的重任。他被广泛认为是个人电脑和智能手机产业的重要推动者。

乔布斯对设计和用户体验的执着追求，使他在业界独树一帜。他以其对细节的极致关注、非凡的直觉和独到的创新视角而闻名。乔布斯始终致力于在技术和艺术之间寻求完美的平衡，并将这种独特的理念融入苹果公司的每一个产品之中。

尽管乔布斯因其强烈的个人主义风格和严格的工作

方式而受到过争议，但他在科技产业中的杰出贡献和卓越的领导能力，无疑使他成为当代商业领袖中的佼佼者。

乔布斯倡导工作事项的缩减

在科技界，乔布斯的名字几乎与创新、颠覆和卓越同义。然而，除了这些广为人知的标签外，乔布斯还是一位工作事项精简的坚定倡导者。他深信，通过精简和聚焦，可以释放出巨大的创造力和生产力。在乔布斯的职业生涯中，这一理念贯穿始终，成为他引领苹果公司走向复兴的关键。

乔布斯之所以倡导这一理念，是因为他深刻认识到，不论是对于企业还是个人，时间的分配都是至关重要的。他主张识别并集中时间处理最重要的项目，减少在无关紧要的琐事上的时间消耗，以促进企业及个人的发展。

当乔布斯重返苹果时，公司正处于一个混乱的时期。产品线过于宽泛，管理混乱，资源分散，导致公司难以在竞争激烈的市场中立足。面对这一困境，乔布斯决定进行大刀阔斧地改革。他果断削减了大部分产品线，将苹果的产品线聚焦于少数几款核心产品上。

这一举措在当时引起了极大的争议，但乔布斯坚信自己的判断。他深知，过多的产品只会分散公司的精力和资源，而精简产品线则可以让公司更加专注于核心产品的研发和创新，从而推动公司长远发展。

　　在乔布斯看来，精简不仅仅是一种策略，更是一种思维方式。他提倡将一天的时间划分为不同的区块，每个区块都专注于特定的任务。

　　这种时间管理方式确保了他能够高效地利用时间，将精力集中在最重要的事情上。

　　乔布斯本人就是一个典型的例子，他每天凌晨4点起床，9点半前就能完成一天的工作。这种高效的工作方式让他有更多的时间去思考、规划和引领公司的发展。

在担任苹果公司首席执行官时期,乔布斯每年都会花3天时间与苹果公司最出色的100名员工讨论公司的战略。讨论的最后一天,乔布斯会在员工面前放上一个白板,写下苹果接下来要做的事情。然后,他会划掉自认为愚蠢的想法,再将清单上排在最后的7个项目删掉。

这种做法展示了乔布斯追求简洁和专注的品质。他相信专注于少数核心项目才能取得更大的成功。他认为,过多的任务分散了公司的精力和资源,会导致团队的执行力下降。因此,他将时间投入几个最重要的项目上。这种做法使公司更加专注和高效。

乔布斯的做法对苹果公司产生了深远的影响。

通过专注于少数关键项目，苹果能够创造出划时代的产品，例如 iPhone 和 iPad。

　　乔布斯的决策力和果断性使苹果公司成为一个高度专注于创新和用户体验的公司，他的领导风格也深深地激励着公司的员工。乔布斯以他的实践和教导，向世界展示了如何通过专注于少数核心项目实现辉煌成就。

5 比尔·盖茨：与时间赛跑

关于比尔·盖茨

比尔·盖茨（Bill Gates）是美国企业家、慈善家和软件工程师，是美国微软公司的创始人之一。

微软公司成立后，盖茨担任首席执行官并领导团队，致力于开发和推广个人电脑操作系统软件。他的主要成就之一就是开发并推出了 MS-DOS 和 Windows 操作系统。这使得个人计算机在 20 世纪 80 年代和 90 年代普及起来，对计算机科技的发展产生了深远的影响。

盖茨于2000年辞去微软首席执行官的职务。此后，他开始将更多的时间投入慈善事业中。2000年，比尔·盖茨与妻子梅琳达共同成立了比尔和梅琳达·盖茨基金会，致力于全球健康、教育和社会公平等领域的慈善事业。该基金会已经成为全球最大的私人慈善机构之一，推动着世界各地的社会进步。

比尔·盖茨以他在商业领域的成功和慈善领域的贡献而闻名于世，是众多企业家和慈善家的偶像和榜样。

比尔·盖茨与时间赛跑

作为推动世界科技前进的企业家，比尔·盖茨从学生时代起就十分注重时间管理。

在哈佛大学读书期间，盖茨经常在学校的电脑上设计编程，往往一编就是一整天。他感觉体力不支时，就趴在电脑桌上短暂休息，之后又继续奋斗。

与合伙人共同创办微软公司后，比尔·盖茨将严格的时间管理习惯带到了工作当中。

在公司创立的最初几年，盖茨每天都工作16小时以上，实在累了就在地板上一躺，呼呼大睡，醒了又接着工作。

他勇于与时间赛跑，他认为工作是一场竞赛，喜欢紧要关头全力以赴的感觉。据微软内部人士及权威媒体报道，比尔·盖茨乘私人飞机时惯于将航程分割为多个90分钟工作单元，依次处理技术审阅、战略撰写和任务规划，使飞行成为高效移动办公室。其助手会按单元预分文件，机组全程配合维持低干扰环境。这种分秒必争的节奏，让跨洋飞行成为他"移动的战略会议室"，而窗外的云层仿佛化作倒计时的刻度，推动着每一个商业决策在时间的赛道上加速落地。

尽管他的智商极高，但他从来都不会将事业的成败完全寄托在智商之上，而是在时间管理的争夺战中赢得主动权，进而赢得效率与商机。

比尔·盖茨是一位极其擅长利用时间的大师。他从不轻易放过任何能够促进自我成长和提升的机会。他曾在短短一周内审阅了112份研究报告，还能在这段时间内阅读完十几本厚重的书籍，并留下评语和注解，其阅读速度令人叹为观止。

盖茨时刻严格要求自己，精确地安排时间，以确保一分一秒都没有浪费。他的新闻官曾经告诉记者，盖茨的时间安排是以5分钟为一个时间块，每个时间块全部都要精确计算它能产生的价值，以确保每分每秒都是在赚钱的。

为了做到这一点，盖茨善于对时间加以记录和分析，定期反思回顾，找出浪费点并加以消除。

比尔·盖茨的时间管理方式无疑是值得参考的。他用实际行动告诉人们，将时间分成几个易于管理的小部分，可以最大程度地减少浪费，提高工作效率。

比尔·盖茨的这种时间管理方法不仅适用于商业领袖，对于任何希望提高个人效率的人来说都是一个宝贵的启示。通过时间细化，人们可以清晰地看到自己的时间都花在哪儿，从而有针对性地调整和优化。

6 埃隆·马斯克：多任务处理艺术

关于埃隆·马斯克

埃隆·马斯克（Elon Musk）是一位备受瞩目的企业家和创新者。他是特斯拉汽车公司和太空探索技术公司（SpaceX）的创始人和首席执行官，他还涉足许多其他领域，如太阳能能源、人工智能及地下交通系统等。

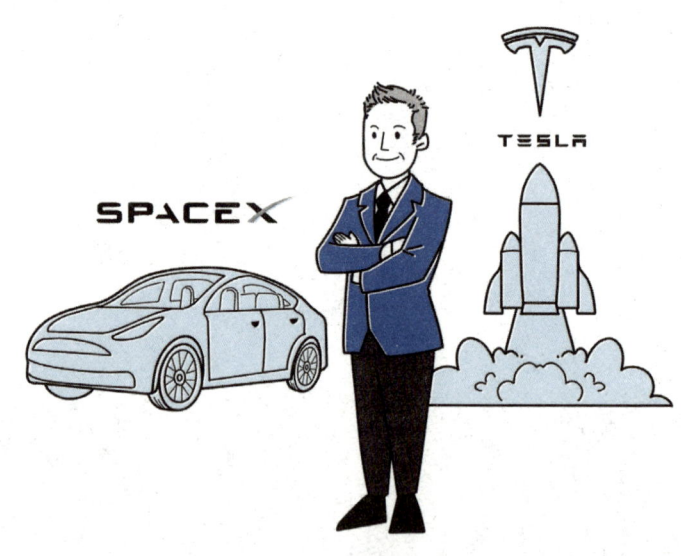

马斯克在他的职业生涯中一直以新概念和大胆的创新而闻名。特斯拉汽车公司是他致力于推动电动汽车革命的成果之一，旨在减少全球对化石燃料的依赖，为人们提供可持续的和环保的交通解决方案。他的太空探索技术公司则致力于降低太空探索的成本并使人类在未来能移民到其他星球，为人类探索宇宙创造新的机会。

此外，马斯克也是太阳城公司（Solar City）公司的创始人之一。该公司专注于太阳能能源的开发和利用。他还创立了神经连接（Neuralink）公司，研究脑机接口技术，旨在发展人脑与计算机之间的连接，为人类带来更强大的智能和认知能力，并为残疾人提供帮助。

马斯克致力于以科技和创新改善人们的生活。他在互联网、可再生能源和太空领域都有着宏大的愿景和突破性的成就。

埃隆·马斯克的努力和成就得到了世界各地的广泛关注和认可，被视为当今世界最具影响力的商业领袖之一，也被誉为"现实世界的钢铁侠"。

埃隆·马斯克的多任务处理艺术

埃隆·马斯克可以说是一位时间管理大师。他在未来科技上有着勃勃野心及超越现实的视野，同时兼任太空探索技术公司的首席执行官、特斯拉汽车公司的首席执行官、社交媒体平台推特的执行主席这三个职位，每天都忙得不可开交，因此，高效地管理时间对他而言至关重要。

2023年5月23日，埃隆·马斯克在《华尔街日报》首席执行官理事会峰会（CEO Council Summit）上接受采访时谈到自己的日程安排，称自己一天中的大部分时间都在工作，凌晨2点才会休息。

马斯克说："正如你想象的那样，我的一天非常长，也非常复杂。而且有很多角色'切换'，这是相当痛苦的。"

为了同时管理好几家公司，马斯克称自己规划了一个时间表，即"一天负责一家公司"。

但是这样的规划并不容易实施。马斯克举例道，周二是"特斯拉日"，但在这一天的晚上，他可能也需要处理推特的相关工作，因此这一天就变成了一部分时间分给特斯拉、一部分时间分给推特。类似的，周四的安排或许会变成"一半太空探索、一半特斯拉"。

马斯克承认，由于各个工作之间"相互交织""时间管理变得极其困难"。他表示，自己不像其他高管一样，有全职行政助理帮忙规划日程，他只有一名兼职助理，大部分日程和其他事情都是自己安排和处理，因为"其他人不可能知道事情的优先级别"。

一直以来，马斯克身上都被贴着"工作狂"的标签。他通过异于常人的努力与极强的时间管理技巧，将多任务处理的艺术发挥到了极致。

埃隆·马斯克的四种时间管理法

在过去的种种采访中，埃隆·马斯克都提及过自己常用的四种时间管理方法。

第一种：每5分钟一个时间盒

时间盒（Time Boxing）是一种时间管理方法，它的核心思想为所有的待办事项设定固定的完成时限，并将其列入日程。这样可以增加完成任务的紧迫感和专注度，避免拖延和分心。

马斯克就是时间盒方法的忠实实践者，通常早上7点开始工作，花30分钟回复关键邮件。他会很仔细地过滤不重要的事项，只关注最重要的。他还会把一些日常的、简单的事项（如吃饭）都限定在5分钟内完成，避免在低效率事务上浪费时间。

我们也可以尝试使用时间盒方法来提高自己的工作效率，具体步骤如下。

- 列出所有需要完成的任务，并按照优先级排序。

- 为每个任务分配一个合理的时间限制，并把它们安排到日程表中。

- 在执行每个任务时，专注于当前的任务，不要被其他事情打断或干扰。

- 如果在规定的时间内没有完成任务，就要分析原因，并调整下一次的时间分配或优先级。

- 如果提前完成了任务，就可以用剩余的时间来休息或者提前开始下一个任务。

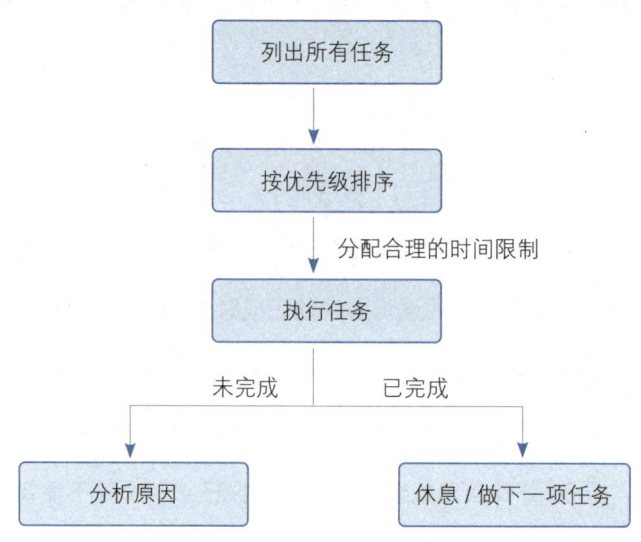

时间盒方法流程图

第二种：运用 80/20 法则

马斯克也运用了 80/20 法则来分配自己的时间和精力。他将大部分的时间都用在了他最大的两家公司——特斯拉和 SpaceX 上，这样可以让他专注于最重要的事情，避免分散注意力。他曾经在一次演讲中提到过当时具体的时间安排：每周一在洛杉矶的 SpaceX 公司总部工作，然后周二晚上飞去特斯拉总部工作，周四或周五再返回 SpaceX，周末会花时间陪家人、处理其他公司的事务，并且有时候还会继续处理特斯拉的事务。

我们也可以借鉴马斯克的做法，运用 80/20 法则来优化自己的时间管理，具体步骤如下。

- 分析工作中最重要和最有价值的目标或任务。
- 找出能够对这些目标或任务产生最大影响和贡献的 20% 的因素或活动。
- 将 80% 的时间和精力都集中在这些因素或活动上，并尽量优化和改进它们。
- 将剩余的 20% 的时间和精力用于处理其他不那么重要或紧急的事情，并尽量简化或委托给他人。

第三种：采用第一性原理思考

第一性原理思考是一种从基本原理出发，一层层构建推理，而不是依赖于以往的经验或者比较思维的思考方式。这种思维路径往往可以带来颠覆性的创新和突破。

马斯克认为第一性原理思考是非常重要和有效的思考方式，在他创办 SpaceX 时就运用了这种方式。他发现火箭的价格非常昂贵，但是如果从火箭由什么构成、这些原材料在市场上价值多少等问题出发，就会发现火箭材料成本只占其销售价格的2%。于是，马斯克就决定以便宜的价格购买原材料，并在自己的公司制造火箭，而不是花几百万美元购买火箭。

我们也可以采用第一性原理思考来解决工作中的问题或创造新的价值，具体步骤如下。

• 确定自己想要解决的问题或实现的目标，并将其分解为最基本的元素或假设。

• 检验这些元素或假设是不是真实、有效和必要，如果不是，就修改或舍弃它们。

• 基于这些元素或假设，一层层地构建自己的逻辑和推理，直到得出结论。

• 如果结论有效，就尝试将其付诸实践；如果结论无效，就回到第一步，重新开始。

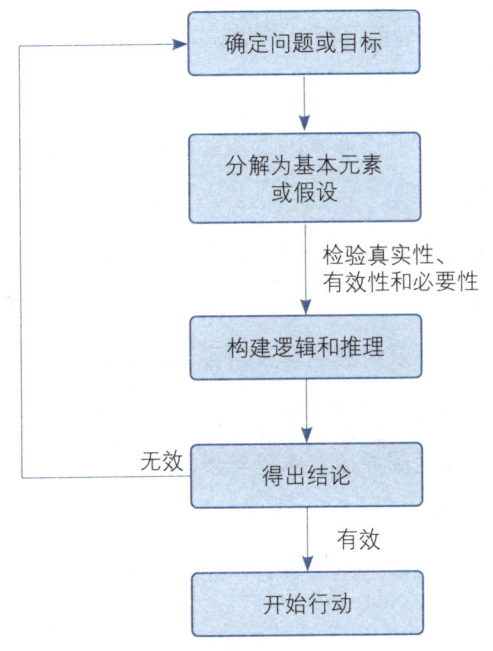

第一性原理思考流程图

第四种：使用异步沟通方式

异步沟通是指不需要双方同时在线或面对面的沟通方式，比如邮件和文本。这种沟通方式可以避免不必要的会议和打断，提高工作效率。

马斯克喜欢使用异步沟通方式来与员工和合作伙伴沟通。他认为会议是浪费时间的东西，除非是非常重要和紧急的事情。他曾经在一封内部邮件中写道："会议太多了。除非你是经理，否则你每周不应该参加超过一次会议。会议应该很短，除非有非常重要的问题需要讨论。你发现会议并没有增加价值时，请离开。"他还鼓励员工直接用邮件或者电话联系他，而不是层层汇报。

我们也可以借鉴马斯克的做法，使用异步沟通方式来提高自己的工作效率。具体方法如下。

· 尽量减少开不必要的低效会议，只参加对自己有价值和意义的会议。

· 在会议前明确会议目的、议程和时间，并在会议中严格按照议程执行。

· 在会议后及时总结会议内容、行动计划和责任分配，并跟进执行情况。

· 尽量使用邮件、文本等异步沟通工具来传递信息、反馈意见和协调工作。

· 在使用异步沟通工具时，注意保持信息的清晰、简洁和及时。

7 马克·扎克伯格：简洁主义原则

关于马克·扎克伯格

马克·扎克伯格（Mark Zuckerberg）是著名的社交媒体平台 Facebook 的创始人和首席执行官。

在哈佛大学求学期间，扎克伯格创建了 Facebook。该网站最初是一个校园内的社交网络，后来迅速扩展成为全球领先的社交媒体平台，成为拥有数十亿用户的媒体和技术公司。

马克·扎克伯格是 Facebook 的决策者之一，并且负责公司的战略规划和产品开发，同时他也是 Facebook 的最大股东之一，拥有公司的实际控制权。

扎克伯格还以其慈善事业和社会活动而闻名。他与妻子普利西拉·陈（Priscilla Chan）共同创办了"Chan Zuckerberg Initiative"，该组织致力于改进教育、医疗保健和科学研究领域，努力解决全球面临的社会问题。

扎克伯格不仅是优秀的领导者和慈善家，而且是现代科技行业的领军人。

极简主义践行者

作为Facebook的首席执行官，马克·扎克伯格少年得志，身价亿万，但他在生活中却是极简主义的践行者。很长一段时间内，他的衣食住行都非常低调简朴。他开的"豪车"，是一辆相当普通的本田飞度。

马克·扎克伯格曾经向世界展示了他的衣柜——几十件完全一样的浅灰色T恤和深灰色连帽衫。这种穿衣法则帮他在每天穿什么衣服上尽量少费神，保持专注。

摒弃许多可以享受的奢华，扎克伯格把重心放在了工作上。

他在Facebook上的一个问答中这样说："如果我在生活中愚蠢或琐碎的事情上耗费任何精力，我就会觉得我没有做好工作，我希望将全部心力聚焦于一点——全身心投入最优质产品与服务的开发。"

马克·扎克伯格的每日安排

作为美国科技巨头 Facebook 的创始人兼首席执行官,扎克伯格的自律程度令人惊叹。

他的每日安排彰显了他极致的自我管理能力,以及对时间的高度敬畏。

- 每天清晨,扎克伯格会花 30 分钟进行冥想。

这个简单的仪式帮助他放松身心,调整状态,以迎接新的一天。冥想让他在喧嚣的商业世界中保持内心的平静,并获得清晰的思考能力。扎克伯格认为,只有内心平静和聚焦,才能更好地应对挑战。

- **不论工作多繁忙,都坚持每天与家人共进早餐。**

　　与家人共进早餐不仅能为他充电,而且能借此机会分享生活,增强家庭的凝聚力。他坚信家庭是最重要的支撑,只有在家庭的温暖中,他才能更好地应对工作上的压力。

- **工作之余保持良好的身体状态。**

　　扎克伯格一直有跑步和健身的习惯。这不仅有助于其保持身材,还能提高工作效率和专注力。他用汗水浇灌自己的决心和毅力,将坚韧精神融入身体每个细胞中。

• 在工作方面,扎克伯格以高效和清晰著称。

他使用时间管理工具和技巧来制订每日工作计划。他把工作任务分解成小步骤,并为每个任务设定明确的时间限制。通过这种方式,他能够更好地掌控工作进度,提高工作效率,完成更多的任务。

• 尽管已经是成功的企业家,扎克伯格却保持着永不满足的学习态度。

他每天都留出一段时间用于阅读和学习新知识。读书帮助他开阔思维,拓宽视野,同时也是他寻找灵感和解决问题的重要途径。他相信,只有不断地学习和进步,才能在竞争激烈的科技世界中立于不败之地。

8 沃伦·巴菲特："两个清单"策略

关于沃伦·巴菲特

　　沃伦·巴菲特（Warren Buffett）是美国知名的投资者、慈善家和企业家。他是伯克希尔·哈撒韦公司（Berkshire Hathaway）的创始人和董事长，以卓越的投资成就而闻名于世，被誉为"股神"。

巴菲特以他的投资智慧和长期投资策略而闻名。他善于找到有潜力的公司，并长期持有这些公司的股票。他的投资哲学强调价值投资，不仅注重寻找被低估的股票，还非常看重该公司的商业模式和管理团队。

巴菲特通过掌握股票市场的规律和经济趋势，成功地在股票市场获得了巨额收益。他长期持有复利收益的理念被誉为"时间就是你的朋友"。

此外，巴菲特也以他的慈善事业和慷慨捐赠而受到赞赏。他承诺将大部分财富捐赠给慈善组织，尤其是他与比尔·盖茨共同发起的"捐赠承诺"（Giving Pledge）计划，鼓励世界上富有的人将其财富用于慈善事业。

沃伦·巴菲特是一个备受敬的商业领袖和投资巨擘。他的投资智慧和慈善事业让他成为当代商业界的偶像和典范。

"两个清单"策略

某次，巴菲特和其飞行教练迈克·弗林特交谈时，将自己取得成功的方法透露给了弗林特。

他用以下几个步骤引导弗林特。

① 写下自己的 25 项职业目标。

② 从这 25 项目标里圈出最重要的前 5 个。

③ 将前 5 个目标定义为"清单 1"，将剩余的 20 个目标定义为"清单 2"。

巴菲特询问弗林特，对于"清单2"中的目标，他将如何处理？

弗林特认为，"清单2"中的20个目标对他而言仍然十分重要，因此，他会寻找合适机会去逐步完成这些事项。

对此，巴菲特评价说"不，你完全搞错了。"

事实上，弗林特应该在实现"清单1"中的所有目标之前避免实现"清单2"中的目标。

这便是著名的"两个清单"策略：当你已经明确了事情的优先级，并锁定第一份重要事项清单，那么第二份清单上的内容就是你需要极力避免的事项。

将有限的精力投放在当前最重要的事情上，这是巴菲特及许多知名企业家获得成功的不二法则。

巴菲特的10个时间管理技巧

· 每天把任务列在纸上

巴菲特喜欢每天列出重要任务清单，这样他可以知道自己当天的重点。

· 关注最重要的任务

选择一些最重要的任务，并将时间和精力集中在它们上面。

· 充分利用空闲时间

巴菲特善于利用空闲时间来读书、思考和学习。

- 不浪费时间

巴菲特擅长高效做事，从不浪费时间。

- 不断学习

巴菲特始终坚持不断学习，他认为学习是时间管理的重要组成部分。

- 减少会议时间

巴菲特不喜欢把时间浪费在不必要的会议上，因此他倾向于只参加必要的会议。

- 注重休息

巴菲特强调休息的重要性，他认为充足的休息能提高工作效率。

- 将玩乐和工作分开

巴菲特把工作和玩乐区分开，以免影响工作效率和玩乐的兴致。

- 时间预算

巴菲特喜欢给重要的任务留出足够的时间，以保证他有充足的时间去完成重要任务。

- 及时完成任务

巴菲特喜欢及时完成任务，以避免最后一刻的压力。他认为及时完成任务是一种很好的时间管理习惯。

9 稻盛和夫：六项精进

关于稻盛和夫

　　稻盛和夫是日本著名的企业家、管理学家，创办了京瓷、第二电信两家公司，并且于2010年成功拯救了即将倒闭的日本航空。

在稻盛和夫的带领下，日航仅用一年时间做到了三个第一：

利润世界第一。

准点率世界第一。

服务水平世界第一。

从此之后，稻盛和夫的哲学理念一直推动着日航的前进，也引领着商界诸多企业的发展方向。

稻盛和夫倡导六项精进

稻盛和夫在《六项精进》一书中，将创造美好人生、打造优秀企业的人生成功法则和盘托出。他在这本书中提出了六项精进的概念。六项精进法不仅为经营人生提供了重要参考，更蕴含着对生命的尊重与内省、对时间的重视与珍惜的深刻洞察。

稻盛和夫提出的"六项精进"具体内容如下。

- 付出不亚于任何人的努力

稻盛和夫认为成功需要付出比他人更多的努力。他鼓励人们不要满足于平庸，而是要在工作和生活中尽最大努力，不断追求进步和卓越。

- 要谦虚，不要骄傲

谦虚是一种优秀的品质，能帮助人们保持平衡和对他人的尊重。稻盛和夫强调不要因为成功而骄傲自满，要时刻保持谦虚的心态，接受他人的建议和批评。

- 每天反省

稻盛和夫认为每天反省是实现个人成长的关键。他鼓励人们每天都要反思自己的行为、决策和态度，并及时纠正错误，不断改进自己。通过反省，人们能更好地认识自己，提高自身的素质和能力。

• 活着，就要感谢

生命是宝贵的，每一天都如同上天赐予的珍贵礼物。稻盛和夫提醒人们要珍惜生命，要感恩身边的一切，包括家人、朋友和各种美好的经历。他认为，只有心怀感恩，才能真正体验到生活的美好之处。

• 积善行，思利他

稻盛和夫强调，人们要以善行来积累自己的人生价值。他认为真正的成功是为他人带来利益和幸福。他鼓励人们在工作和生活中关注他人，并主动帮助他人，推动社会进步和共同发展。

• 不要有感性的烦恼

感性的烦恼指的是个人情绪的波动和消极的情感困扰。稻盛和夫认为，感性的烦恼会妨碍人们的思考和判断，并影响个人的行为和决策。他鼓励人们要保持冷静和理性，积极应对各种困难和挑战，以积极的心态面对生活中的种种问题。

10 孙正义：用经济学思维看待时间

关于孙正义

孙正义是日本著名的企业家和投资人，也是日本软银集团的创始人兼首席执行官。他被认为是亚洲最具影响力和成功的创业家之一。

自 1994 年上市以来，软银集团不仅在日本拥有超过三百家企业的股份，还在美国、欧洲设立重要的合资或独资企业。孙正义凭借卓越的商业才能和投资眼光，使软银集团在全球范围内取得了显著成就，并于 2014 年跻身日本首富。此外，他还获得了《时代》周刊 2018 年"全球最具影响力人物"的荣誉。

孙正义的投资眼光独到，并且敢于承担风险。他在1999年互联网热潮期间进行了一系列大胆的投资，其中包括对支付宝（Alipay）和雅虎（Yahoo）中国的投资。这些投资使得孙正义获得了巨额回报，并使软银集团成为全球领先的风险投资机构之一。

除了投资技术公司外，孙正义还对科技创新有着浓厚的兴趣。他在2016年宣布成立一个1000亿美元的银软愿景基金，名为Vision Fund，旨在投资人工智能、物联网、机器人技术等领域的创新企业。这一基金在全球范围内吸引了众多投资者的注意。

孙正义被誉为"日本的沃伦·巴菲特"，在日本商界享有很高的声誉。他经营软银集团的方式也备受关注。他注重广泛的合作伙伴网络和长期的战略规划，而非短期利润。

他被认为是一个富有远见和决策力的领导者，积极推动科技创新并影响了全球商业格局。

用经济学思维看待时间

孙正义的厉害之处是拥有高瞻远瞩的思维，以及运用了超级自律的时间管理术。

他的时间管理术主要有以下几个方面。

• 用经济学思维看待时间

时间是一种无形的资产，对待时间要遵循ROI原则。ROI是经济术语投资回报率（Return on Investment）的英文缩写。ROI原则讲的是时间投入和产出的问题。

学会投资时间是一种关键能力——当你将时间用于玩游戏，这本质是消费时间；而用于读书学习，则是在投资未来。在日常生活中，我们不妨将自己的时间进行分类，算算时间是用在了消费上还是投资上。

ROI 原则

谈到投资时，我们经常听到一句话：不要把鸡蛋放在同一个篮子里。因为有些投资虽然是高收益，但存在高风险。

然而对待时间，我们则不能这么分散，反而应该做到集中一段时间进行"投资"。

事物都是有临界值的，我们花在某件事上的时间和精力如果达不到一定的水平，就无法取得期待的结果。从经济学上看，集中投资时间才能让收益看得见。

• 思考10秒就做出决定

不同的选择会影响我们走何种人生道路。对于可能会影响我们未来的决定，我们常常会犹豫不决。

然而孙正义告诉我们：思考时间不要超过 10 秒。

在 2000 年，孙正义仅用了大约 6 分钟，就决定为当时正经历互联网危机的阿里巴巴投资 2000 万美金。而他自己也借助这笔投资，实现了超过 1000 倍的获利。

为什么他仅用这么短的时间就能完成如此高回报率的决定呢？答案是，他提前做好准备，收集了充分的信息。

思考 10 秒就做出决定，这绝对不是一种武断的行为，而是要求决策者在做出决定之前就能详尽地了解事实，以此提高决策效率。

- 开会应该得出结论，而不是仅仅讨论问题

在职场，会议是必不可少的。人们利用会议来讨论工作中的难题，互相了解各部门的想法。

我们熟悉的会议通常都是提出一个议题，然后大家各抒己见。碰到与利益相关的问题，可能会让会议进程止步不前，僵持在那里，从开会到结束都讨论不出确切的结果。最后带着没有结果的问题散会，不久后又召开同样议题的会议。

可是在孙正义的公司，他对这种情况非常反感。从一开始，孙正义就很明确地告诉大家：让你们来开会就是让你们拿出结果，我需要看到的是你们详细完整的方案。

而且非常有意思的是，他能同时参加多场会议。身为公司的决策者，他每次主持会议15分钟后，就让会议的参与者进行讨论。然后他去参加下一个会议。

他根据会议规定的时间，在会议结束前回到会场。倾听并归纳大家的意见和方案，并迅速做出决策。

他通过这样高效的时间管理，在有限的时间内最大限度地做出决策，为下一步工作争取到了很多时间。

- 该上班的时候上班，该休息的时候休息

很多公司因为某些订单或者项目加急，要求员工加班。

员工在长期高压、高强度、超负荷的工作状态下，工作效率也不会很高。

他是如何让员工实现零加班的呢？我们在孙正义的秘书三木雄信模仿孙正义的经营理念而创建的英语培训公司中找到了答案。

① 明确规定员工和客户是平等的合作伙伴关系。

② 不过分追求业绩。

③ 通过早会分解大家的工作负担。

通过这一系列人性化的措施，团队成员形成了互相学习、共同进退、互利共赢的关系。

孙正义对时间进行了严格的划分，精确到每一秒。他认为，困难的事情要放在效率最高的早上来完成。

力求每次做事情一次性通过，并且保证自己有足够的放松时间，这样才能更好地投入下一个工作中。

团队中不会出现有人忙得团团转，而有人闲得没事干的情况，即全员处于高效工作状态中。

• 学会借用他人的时间，获取果实

个人或团体，如果仅靠自己的力量获得成就是不够的，特别是在当今社会竞争激烈的情况下，社会分工精细，门类繁多。

个人或团体掌握的技术知识是非常有限的，哪怕是最杰出的人物或团体，在某些科学技术乃至具体工作环节上，也不可能独自完成，必须借助别人的力量才能攻克难关。

孙正义在美国留学时开发了一种语言翻译器，并决心把它变成产品。他的策略是找这个领域的世界顶级专家来完成。最终，他找到并说服了加利福尼亚大学伯克利分校的专家与他合作，并提出支付丰厚的报酬，终于成功制作出样机。

后来,他把这项发明卖给了夏普,赚到第一桶金后到美国创业。这为他后来开创软银奠定了基础。

找到一个可以帮助自己实现梦想的人,支付对方可以接受的报酬,或让对方加入自己的项目,然后顺利地拿到成果。

借助他人的力量比自己从零开始,错误百出地摸索前行要更容易实现目标。孙正义年轻时就懂得这一点了。

掌控时间，成就人生

时间对于每个人来说都是最公平的资源。

我们每天都只有 24 小时，没有人可以改变这个事实。但是，我们可以学会更好地管理和利用有限的时间，从而掌控自己的生活，实现自己的目标和梦想。

本书介绍了 13 种广泛使用的时间管理方法论，包括番茄工作法、一周时间运筹法、四象限法则等。每一种方法都有其独特的魅力和优势，只要加以利用，就可以帮助我们更加有效地管理时间。

此外，本书还介绍了 10 位成功人士的时间管理法。通过了解成功人士的行为方式，我们可以学到许多宝贵的经验和智慧。

时间管理的意义不仅仅是提高效率和完成任务，更重要的是能够帮助我们找到人生的平衡点，让我们更好地平衡工作、家庭与健康，从而过上更加充实且有意义的生活。

希望本书能为读者带来启发与帮助，也衷心期盼每一位读者都能掌控自己的时间，在井然有序中成就辉煌美好的人生！